江苏省建筑业高质量发展调研报告（2022）

《江苏省建筑业高质量发展调研报告（2022）》编委会　编

中国建筑工业出版社

图书在版编目（CIP）数据

江苏省建筑业高质量发展调研报告. 2022/《江苏省建筑业高质量发展调研报告（2022）》编委会编. —北京：中国建筑工业出版社，2023.8

ISBN 978-7-112-28853-3

Ⅰ. ①江… Ⅱ. ①江… Ⅲ. ①建筑业—经济发展—调查报告—江苏 Ⅳ. ① F426.9

中国国家版本馆 CIP 数据核字（2023）第 110400 号

责任编辑：杨 允 李静伟
责任校对：赵 颖
校对整理：孙 莹

江苏省建筑业高质量发展调研报告（2022）
《江苏省建筑业高质量发展调研报告（2022）》编委会 编

*

中国建筑工业出版社出版、发行（北京海淀三里河路 9 号）
各地新华书店、建筑书店经销
北京建筑工业印刷厂制版
北京中科印刷有限公司印刷

*

开本：787 毫米×1092 毫米 1/16 印张：16 字数：235 千字
2023 年 7 月第一版 2023 年 7 月第一次印刷
定价：**78.00** 元

ISBN 978-7-112-28853-3
（41182）

电话：（010）58337283 QQ：2885381756
（地址：北京海淀三里河路9号中国建筑工业出版社604室 邮政编码：100037）

《江苏省建筑业高质量发展调研报告（2022）》
编写委员会

主　编： 张宁宁

副主编： 纪　迅　于国家　成际贵　蔡　杰　任　仲

编　委： 王静平　赵铁松　伏祥乾　孙振意　谢　伟
田　浩　胡　宇

序

锚定高质量，奋楫开新局。一直以来，全省建筑业坚持以习近平新时代中国特色社会主义思想作为政治思想纲领，全面贯彻新发展理念，坚持稳字当头、稳中求进，强化目标导向、问题导向和底线思维，有效防范化解风险，以清晰的思路、有力的举措，积极推进建筑业优化升级，增强内生发展动能，实现建筑业主要经济指标保持稳健增长，继续领跑全国。为全面建成小康社会和“强富美高”新江苏作出了巨大贡献。

调查研究是解决问题、谋划工作、科学决策的重要依据。2022 年，为展示全省建筑业高质量发展成就、发掘经验、推广成果、破解难题，推动行业、企业间交流互鉴，我会连续第五年在会员单位中广泛开展高质量发展调研成果和典型案例征集活动。经专家评审，将 30 篇优秀成果汇编成册。内容涵盖了企业转型升级、党建促发展、企业文化管理、诚信建设等方面，对我省建筑企业在高质量发展中遇到的热点、难点问题进行深入思考，对取得的高质量发展成功经验进行总结凝练，为我省建筑企业高质量发展提出有益建议和借鉴。

求真知，建真言，凝聚高质量发展动力。本书汇编的每一篇成果都倾注着撰写人员的心血和智慧，也凝聚着我省建筑企业发展过程中总结的真知灼见。在此，我代表江苏省建筑行业协会向他们一并表示感谢。调研成果来源于实践，最终还要回归于实践，使调查研究中产生的新认识成为指导解决问题的再实践。由衷地希望这些调研成果和发展案例能够为政府部门决策提供有益参考，为我省建筑企业创新、持续、健康发展带来启发，为促进全省建筑业高质量发展贡献绵薄之力。

由于时间仓促，难免有不妥及未尽之处，诚请广大读者批评指正。

张宁宁

江苏省建筑行业协会会长

2023 年 5 月于南京

目　录

调研报告

关于江苏省建筑业改革发展的调研报告

张宁宁　蔡　杰　伏祥乾　田　浩

根据江苏省住房和城乡建设厅关于开展建筑业改革发展书面调研的通知要求，江苏省建筑行业协会在会员企业内部组织开展了书面调研工作。一是向会员企业发放了书面调研函，从4个方面深入了解企业情况；二是通过之前其他调研座谈掌握的情况，结合本次调研主题进行了思考和研究。特别是省部属、泰州、常州、盐城、淮安、镇江、宿迁等建筑企业反馈的情况，为本次调研提供了详尽数据。江苏省建筑行业协会综合各方面情况，形成以下调研报告。

一、江苏省建筑业发展成就

建筑业作为江苏省的支柱产业之一，自二十世纪八九十年代至今在全国处于领先地位。特别是自2006年以来，江苏省建筑业产值规模一直位列全国各省之首，2021年达到了41642亿元，并且在建筑业增加值、建筑业利税、建筑业从业人数、中国工程质量最高奖“鲁班奖”“国优奖”获得总数等方面均为全国第一。2021年江苏省建筑业增加值达到了7184亿元，占全省生产总值（GDP）总量的6.2%；建筑业利税达到了2860亿元；建筑业从业人员886万多人，比纺织业（350万人）、餐饮业（320万人）、交通物流业（133万人）的从业人员总和还要多；获得“鲁班奖”265项，“国优奖”363项。2020年新冠疫情暴发以后，建筑业是最先复工复产的行业之一，省领导评价建筑业发挥了“压舱石”的作用。可以说，江苏省建筑业在党和国家的正确领导下，走过了三十多年的持续快速发展历程，发生了历史性的变革，实现了历史性发展，取得了历史性成就，为江苏省经济社会发展作出了突出贡献。

二、面临困难和挑战

如今，世界之变、时代之变、历史之变正以前所未有的方式展开。我国的经济社会发展阶段、发展环境、发展条件都已经发生变化。新发展理念正在贯彻落实，新发展格局正在加快构建，高质量发展正在着力推进。江苏省建筑业和全国其他省市一样，同样面临着前所未有的挑战，但我省的情况又有些不同，主要表现在以下几个方面：

（一）产权制度优势正在弱化

我省建筑业企业99%以上是民营企业，剩下的驻苏央企、省属国资企业、市区级国资企业总数不到1%。2000年前后我省的国有企业、集体企业大力推动产权，由国企到民营的转变，大大激发了企业活力，随后的20年时间里促进了江苏省建筑业的飞速发展。而如今，相比较央企和地方国企，纵使民营企业管理机制尚有优势，但在市场竞争中往往处于劣势地位。从调研情况看，央企、国企以及有国资参股的建筑企业2022年1～10月份，产值和新签合同额均有不同程度的增长。相反，民营企业鲜有增长，更多的是大幅下滑。以泰州市建筑业反馈情况为例，在政府投资项目的竞争中，当地民营建筑企业优势很小，大型基础设施项目基本被中铁等央企垄断，其他一般项目大部分被政府平台公司所属企业承包，地方民营建筑企业通过公开招投标获得政府投资项目十分不易。

（二）产业结构劣势正在凸显

我省建筑业的产业结构仍然是房建业务占据绝对比例，虽然在过去几年我省大力推动企业转型升级，已经有13家建筑企业参与19个标段的轨道交通项目，但与全省建筑企业总量相比，13家参与企业可谓是凤毛麟角。相比上海、北京、浙江、广东等地，我省建筑企业在公路、铁路、水利、港航、化工石油、通信等业务领域都处于劣势。当前，在国家加大基础设施投资，房地产又持续低迷的情况下，这一劣势带来的影响越发明显。从调研反馈情况来看，以房建为主要业务结构的民营建筑企业2022年新签合同和完成建筑业产值普遍不及央企和国企。以宿迁某特级资质企业为例，该企业主要以房建业务为主，2022年1～10月份建筑业产值48.39亿元，与上年度同期相比，建筑产值减少40%；新签合同额仅5亿元，较上年度同期减少75%，公司生存发展形势严峻。

（三）经营模式优势逐渐弱化

江苏省建筑企业在工程设计、施工领域基本上一条腿走路的多，同时具备两种能力又开展两项业务的企业比例非常低。随着江苏省住建厅大力推进工程总承包试点，江苏省建筑企业在工程总承包方面才有了较快发展。据调研反馈情况来看，每个设区市仅有少部分龙头骨干企业参与并承接一些工程总承包模式（EPC）业务，一般的施工总承包企业离EPC业务要求和能力相差甚远。当前，好多重大项目更是升级了要求，采用投、融、建一体化或政府和社会资本合作（PPP）等业务模式，虽然我省部分建筑企业也已经涉足该业务模式，但大部分建筑企业不具备投、融、建一体化或PPP业务能力。与浙江、上海等地企业不同，我省上市建筑企业少，在融资方面能力普遍不足，具备“投资＋建设”能力的建筑企业太少。

（四）房地产商“爆雷”风险加剧

我省有不少建筑企业受到恒大等房地产商“爆雷”影响，企业资金链受到严重挑战，省内有一批建筑企业资金链形势严峻。如何收回这些“爆雷”地产商所欠工程款是一大难题。对于以房地产业务为主的建筑企业而言，陷入了两难境地：既担心风险，不敢过多承接工程业务，尤其是房地产商的业务，又暂时离不开房地产业务，因为需要通过必要规模的工程留住企业人才。

（五）省外传统市场正在缩减

江苏省建筑业之所以产业规模连续16年居全国第一，除了因为江苏是第二经济大省每年有大量基建项目投资，还因为江苏省所在外省的建筑市场份额一直稳固在45%左右，培育了山东、广东、安徽、浙江、河北等5个产值超千亿的市场，湖北、陕西、辽宁等9个超500亿市场。但据2021年9月份江苏进湖北建筑企业发展座谈会的反馈信息，受央企和当地企业的双重影响，在湖北的江苏企业承接业务艰难。此种情况在其他省市亦是如此，预计2022年外省建筑业产值下滑压力加大。

（六）装配式工厂产能开始过剩

由于前几年华东地区大力推进装配式建筑，全省各地装配式构件厂如雨后春笋般涌现。据不完全统计，截至2021年底，全省大大小小生产装配式构件的工厂多达380多家，相互之间的价格竞争非常激烈，一些流水线完整的大工厂往往竞争不过小手工作坊。尤其是这几年，受到房地产调控的影响，商品房开发面积大幅缩减，各地的装配式工厂产能已经出现过剩情况。

（七）劳务资源优势正在衰退

从二十世纪七八十年代开始，按照国家部署，江苏省建筑队伍支援大庆、新疆、西藏、上海、深圳等地区建设，锻炼了大批能工巧匠，南通、泰州、扬州、盐城、徐州、连云港等地的劳务资源非常充沛。而如今江苏籍的建筑工人老龄化严重，年轻一代很少有人愿意从事建筑劳务职业，建筑工人青黄不接、出现非常严重的断代现象。据2022年10月底数据，江苏省内项目上建筑工人来源于外省的达到61.74%，其中户籍地排在前四位的省份是安徽、河南、四川、贵州，以上四省工人占外省在苏工人总数的42.17%。在苏施工项目，江苏籍的建筑工人仅占38.26%。用工量最大的苏州市，江苏籍的建筑工人仅占21.84%，用工量第二位的南京市，江苏籍的建筑工人仅占29.48%。江苏籍工人占比超过60%的市只有宿迁、淮安和盐城。

（八）区域发展不均衡加剧

我省建筑业区域发展不平衡问题一直存在，建筑业产值规模靠后的镇江、宿迁、连云港等市和排名第一的南通市差距非常大。根据 2021 年数据，南通超千亿产值的区（县）多达 5 个，排在第一的海门区建筑业产值达到了 2699 亿元。而宿迁、连云港两个设区市的建筑业产值仅 700 多亿元。据宿迁建筑业调研反馈，2022 年上半年宿迁市仅几家大企业在艰难支撑，有八成建筑企业基本处于停业状态。预计 2022 年省内区域发展不平衡差距还将进一步加大。

三、问题原因剖析

出现这些问题，究其原因主要有几个方面：**一是市场形势变化带来的。**我国经济发展由原来的粗放式高速增长转向高质量发展，加上新冠疫情反复，很多建筑企业还不能适应新的发展形势，没有及时调整自己的战略。**二是企业内生动力不足。**很多建筑企业满足于现状，战略性和前瞻性不强，没有形成自己的核心竞争力。新形势下，在同质化竞争加剧的情况下，缺乏竞争优势。**三是营商环境造成的。**建筑业虽然整治工程垫资，但现实中垫资施工比比皆是。除了房地产商拖欠工程款，地方政府平台失信违约情况也比较严重。**四是高端人才吸引力不足。**企业竞争归根结底是市场开发、企业经营、项目管理、科技创新等高端人才的竞争。缺乏竞争力和高端人才吸引力不足，二者之间相互影响，导致企业下行势在必行。**五是融资能力不强。**这几乎是所有参与调研企业的共同呼声，民营建筑企业主要融资渠道是通过银行授信，贷款期限多为一年期短贷，贷款额也不高。与央企、国企相比，民营建筑企业普遍存在融资难度大、融资额度低、融资成本高等难题。**六是科技创新能力弱。**根据调研情况反馈，央企、国企和民营建筑企业相比，前两者在承接项目上，普遍比后者承接的项目规模大、施工难度高。没有高、大、难项目的支撑，民营建筑企业想进行科技创新也难以找到合适载体。

这些背后的原因，有的是市场发展环境、融资难、融资贵等外部原因，也有民营建筑企业转型升级不及时、发展战略方向偏差、自身人才结构不合理等自身问题。总而言之，这些问题都是发展中的困难，成长中的烦恼。这些问题反映出我省建筑业在高质量发展中存在的一些短板和弱项，反映出过去几十年发展中积累的矛盾和问题开始日益凸显。

四、思考和建议

面对这些困难和挑战，江苏省建筑业该如何化解风险、破解难题，找到一条适合省情的高质量发展之路是摆在所有建筑业从业人员面前的一道重大课题。面对这些困难和挑战，我们既不能遮掩回避、视而不见，也不能惊慌失措、乱了阵脚。在国家经济稳中向好、长期向好的基本面没有改变的大背景下，新型工业化、信息化、城镇化等方面还处于快速发展阶段，城乡基础设施投资仍然能为建筑业提供广阔的发展空间。我们相信江苏省建筑业能在未来的发展中不断解决出现的各种问题。江苏省建筑行业协会结合调研，认真进行了思考和研究，提出以下六条建议供政府部门决策参考：

（一）做好顶层设计和规划

建筑业的改革发展不是一朝一夕就能完成的，需要统筹考虑短期应对和中长期发展。《江苏省建筑业“十四五”发展规划》绘制了江苏省建筑业发展思路、目标任务。要全面完成制定的各项目标任务，还需要进一步做好保障措施的顶层设计和落实。

1. 科学做好顶层设计。既要在战略上布好局，也要在关键处落好子。既要发挥好政府的监管作用，也要发挥行业协会的引导服务作用，更要发挥好企业的主体作用。要把建筑业发展同党和国家工作大局结合起来，围绕立足新发展阶段、贯彻新发展理念、构建新发展格局、推动高质量发展战略目标任务，把江苏省建筑业的“十四五”发展规划做细、做实。

2. 成立高质量发展领导小组。建立建筑业高质量发展“揭榜挂帅”机制，尽快成立省级高质量发展领导小组，落实工作小组成员，在高质量发展战略上作出全面部署，细化高质量发展的目标内容、明确路线图、时间表、责任单位，建立考核激励机制，定期对照检查落实情况，奖优罚劣。把握好江苏省建筑业发展的主动权，下好高质量发展的先手棋。

（二）构建公平的营商环境

建筑施工在建筑产业链中处于核心环节，因为不仅要与上下游众多企业保持合作关系，还要与当地政府部门、金融、司法多方面保持沟通交往，建筑企业同行之间也是既有竞争又有合作的关系。所有这些市场主体之间的竞争与合作、沟通与交往、信息联通、资源整合等，形成了建筑企业生存发展的营商环境。根据调研反馈的问题，需要进一步构建公平的营商环境。

1. 构建公平竞争的营商环境。习近平总书记强调的“民营经济是我国经济制度的内在要素，民营企业和民营企业家是我们自己人。”各级政府部门要真正地打破阻隔之“门”，架起畅通之“桥”，用好有形之“手”，让民营企业和央企、国企享受平等的市场主体待遇。

2. 减少对企业正常经营的干扰。调研反馈，现在能够管理项目部的政府部门太多。呼吁各级政府部门减少对项目的检查频次，特别是做得较好的项目。有些检查不仅严重影响施工进度、大大增加工程成本，还给企业信用记录带来巨大风险。

（三）扶大扶强龙头骨干企业

龙头骨干企业是江苏省建筑业的主体，把这些企业扶大扶强，不仅能净化市场环境，减少恶性竞争，还能提高产业集中度，形成更好的“虹吸”效应。

1. 大力扶优扶强龙头骨干建筑企业。为解决江苏省建筑业大而不强的现状，建议把100亿元以上的总承包龙头骨干企业、50亿元以上的“专精特新”专业承包企业、万人规模以上的劳务作业企业作为政府部门扶优扶强的对象，在政策上进行激励。要通过政府引导、协调，企业选择、参与，在全省形成良好的金字塔式的建筑业生态，减少同质化竞争、无序化竞争的局面。

2. 引导有条件的民营企业引入国有资本。在当前市场环境下，有条件的民营骨干企业，要围绕供给侧进行股权改革，一方面可以寻求优质国有资本参股到企业中来，另一方面也可以参加国有企业的混合所有制改革。从扬泰地区有国资背景的建筑企业来看，这一轮发展不仅没有掉队，反而表现出了很好的增长态势。

3. 由政府牵头，建立央、地建筑企业合作发展机制。推广轨道交通项目试点的成功经验，推动各设区市政府出台文件，推动在包括公路、铁路、水利、市政等领域的重大项目中，采取央企和省内龙头骨干企业组成联合体的形式进行市场投标，让央企带着省内龙头骨干企业共同发展，加快省内龙头骨干企业的转型升级。

（四）畅通企业融资渠道

融资难、融资贵问题是困扰江苏省建筑业高质量发展的一道难题。这道难题不解决，融资渠道不畅通、融资途径不拓宽，建筑企业要做强做优很难，要向投、建、营一体化转型基本也没有可能。

1. 建议由各地政府部门牵头，协调金融部门与企业之间建立对话机制。行业主管部门虽然不好直接介入银企事务，但如果能协调建立对话机制，让金融部门更多了解建筑企业，增加银企之间的互信，能为企业正常融资提供有利条件。

2. 建议由市级主管部门牵头，为建筑企业搭建融资渠道，推动企业引进高端金融人才，推动建筑企业积极尝试企业发债、资产证券化、企业上市、不动产投资信托基金（Reits）等多种金融工具，积极尝试融资租赁、商业保理、保险、期货等多渠道融资手段筹措资金。

3. 建议由省级主管部门牵头，推动金融行业协会与建筑行业协会联合开展建筑企业信用评价工作，评价结果一方面可以作为信贷融资的参考，另一方面也可以作为扶优扶强的重要条件和依据。

（五）牵头建立多维度合作机制

挂钩帮扶机制对于解决地区不平衡发展问题是一项积极有效的举措。不执于旧，不畏于新。现阶段，建议江苏省住建厅根据全省建筑业发展情况重新进行研究规划，牵头建立多维度的合作机制。

1. 建议重新规划 13 个设区市的建筑业挂钩帮扶。在过去一轮南北挂钩帮扶工作中，有些地区挂钩取得了实实在在的效果，不少对口挂钩企业至今还在深入推进。新阶段，要根据建筑业发展情况，重新调整 13 个设区市的建筑业帮扶挂钩机制，从发展理念、人才技能、管理水平等多个方面推动建筑业发达地区带动落后地区，实现全省建筑业的高质量发展。

2. 建议大范围地建立央、地建筑企业合作机制。一是尽快推动省内优势企业与驻苏央企成立“江苏国际工程承包产业联盟”，加大“走出去”发展力度；二是由江苏省住建厅会同各市住建部门牵头，推动优势专业承包企业与央企建立联盟合作机制，提升专业承包企业的业务量和施工能力。

3. 持续推动江苏省住建厅扶贫县（区）建筑企业与省内优势建筑企业开展结对合作。及时跟踪有关结对企业的合作情况，及时总结结对企业的合作经验，定期开展交流会，交流合作心得，扩大合作成效，必要时进行推广。

4. 推动苏南、苏中、苏北在一线建筑工人培育，开展挂钩帮扶，特别是在苏北经济欠发达地区，苏南、苏北可以通过职业院校中专班、大专班吸引更多年轻人从事建筑业，朝建筑业产业工人方向转变。

（六）推动建立纠纷应急协调机制

建筑施工是一项复杂的社会活动，其具有标的额大、参与者多、施工周期长、专业性强、涉及面广、法律关系复杂等特点。工程建设期间，建筑企业与相关参与方发生经济纠纷实属正常现象。从调研反馈来看，很多地方法院对于涉及建筑企业的经济诉讼案件，只要起诉方申请，被诉建筑企业就会被冻结账户、财产保全。这种单单对建筑企业简单粗暴地一封了之，实在有失妥当。特别是受恒大集团影响的企业，自己诉讼都拿不到工程款，被下游的分包商、材料商诉讼的案件足以引发系统风险。

1. 建议行业主管部门牵头建立纠纷应急协调机制，在不干预司法的前提下，对江苏建筑企业进行强制执行的案件，地方政府要建立备案协查制度，及时掌握情况，积极介入协调处理，保护本省建筑企业合法权益。

2. 建议江苏省住建厅法规处与省司法厅、省高院建立联系机制，及时了解掌握有关诉讼情况，必要时出面协调，以防由于信息不对称导致整个企业下游产业链服务商等集体出现连锁反应、蝴蝶效应。

推动江苏省建筑业改革发展是一个大课题，由于时间和笔者水平所限，加上受新冠疫情影响，本次调研缺乏一定的覆盖面和系统性，有些思考和建议也仅停留在初步思路上，后续还需要进行专题研究论证。

调研组成员：

张宁宁　江苏省建筑行业协会会长

蔡　杰　秘书长

伏祥乾　副秘书长兼行业发展部主任

田　浩　行业发展部科员

执笔人：伏祥乾

江苏省智慧工地建设发展报告

纪　迅　殷会玲

本报告所用统计数据采集于江苏省建筑施工安全管理系统，数据截至2021年底（南京、无锡未使用省安管系统，部分市2021年开始使用省安管系统）。

2017年10月，江苏省住建厅出台了《江苏建造2025行动纲要》，明确了以“精益建造、数字建造、绿色建造、装配式建造”为主的建造方式变革路径，其中数字建造强调要推动传统工程建造向信息化、集成化、智能化发展，实现建造全过程的数字化，为建筑产品全生命周期的运维管理提供技术支撑，为最终实现智能建造打下基础。

2020年3月4日，中共中央政治局常务委员会召开会议提出，加快5G网络、数据中心等新型基础设施建设进度。

2020年4月30日，江苏省政府出台《关于加快新型基础设施建设扩大信息消费的若干政策措施》，以29条具体措施打造新基建、激活新消费、深耕新制造，推进新基建特别是新型信息基础设施建设步伐，最终激发新动能、打造江苏发展新优势。

2020年5月，江苏省住建厅出台《省住房城乡建设厅关于推进智慧工地建设的指导意见》，明确了大力推进智慧工地建设，助推建筑产业优化升级，提升本质安全水平。

2020年5月22日，《2020年国务院政府工作报告》提出，重点支持“两新一重”（新型基础设施建设，新型城镇化建设，交通、水利等重大工程建设）建设。

2020年7月，住房和城乡建设部等13部门联合印发了《关于推动智能建造与建筑工业化协同发展的指导意见》，指导意见明确提出通过加快推动智能建造与建筑工业化协同发展，集成5G、人工智能、物联网等新技术，形成涵盖科研、设计、生产加工、施工装配、运营维护等全产业链融合一体的智能建造产业体系，走出一条内涵集约式高质量发展新路。

一、发展特点

（一）智慧工地为安全生产服务

江苏推进智慧工地建设，基于探索建立数字建造的智慧安全监管体系，开展“绿色工地智慧安监”试点建设，并由此推进智慧工地建设，所建数字工地智慧安监平台实现了省市县（区）三级安全监督系统数据互联互通，有效提高了建筑施工安全监管能力和水平。智慧安监体系的推进，探索出信息化安全发展之路，强化了重大风险安全管控能力，进一步压实从业人员安全责任，取得了良好的经济效益和社会效益。以中建八局第三建设有限公司为例，其南京分公司建设的 7 个智慧工地试点项目安全隐患数量下降 20%，人均产值超过公司平均值 15%。

（二）智慧工地为节能环保服务

近些年来，我国的工业化进程不断加快，但由于在施工过程中对化学原料、能源消耗得比较大，大型机器设备使用频繁，在建筑施工的过程中不可避免地带来了多种环境污染问题，例如：噪声问题、气体污染、灰尘污染等，这给我国的生态环境变化和改善带来了很大阻碍。施工建筑周期长、废弃物产生多等特点，使我国不得不重视推行可行的减少污染物排放、节约能源、绿色生产的新型建造方式。智慧工地的探索实践，满足了绿色施工的要求，与国家“双碳”目标相吻合。

（三）智慧工地和智慧企业互动

随着数字经济蓬勃发展，江苏省规模以上建筑企业总部均已建立资金的信息中心、金融中心、材料中心，实现传统企业走向智慧企业的跨越。

智慧工地系统从基本的数据归集到初级施工综合分析，与项目端互联互通，链接到企业风控平台的扩展，智慧工地和整个项目管理全过程进一步融合，对推动智能建造起到了很好的基础作用，对确保工地安全、工程质量、提高工作效率、推动科技创新有很好的提升作用，实现了施工过程相关信息的全面感知、互联互通、智能处理和协同工作。智慧企业与智慧工地通过数据互动，智慧企业利用智慧工地可以直接指挥项目现场，增加了总部与项目部的联动，进而提高项目管理效能，增加效益。

二、行业管理

（一）建立省安管系统

我省自 2014 年起开始建设江苏省建筑施工安全管理系统，2016 年起在全省进行应用推广，已全面覆盖全省 137 个安监机构。2021 年，在省安全管理系统全面应用的基础上，着力开展示范片区智慧监管平台建设工作。

江苏省建筑施工安全管理系统涉及的业务见图 1。

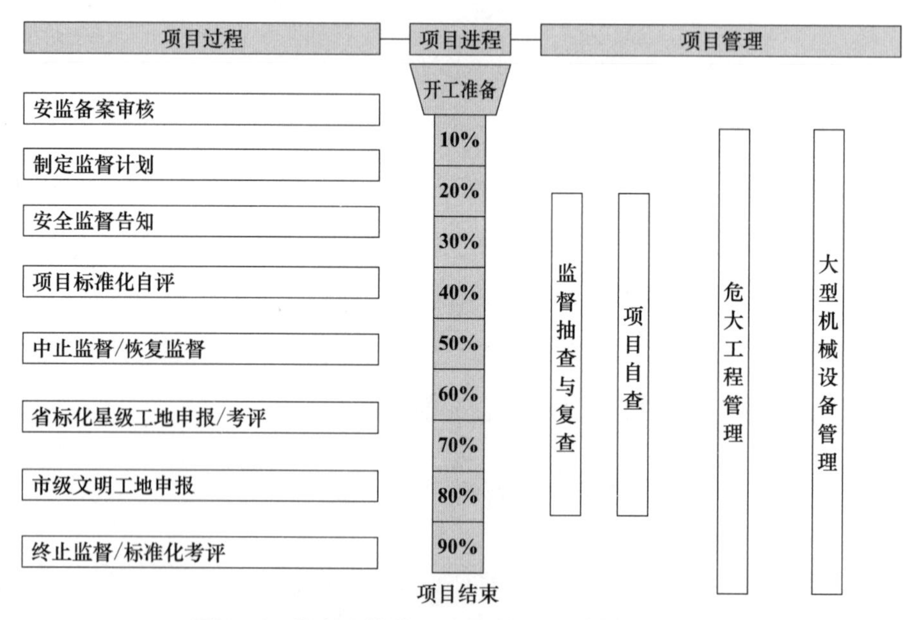

图 1　江苏省建筑施工安全管理系统涉及的业务

（二）制订智慧工地取费标准，确保智慧工地行稳致远

2021 年，江苏省住建厅出台《关于智慧工地费用计取方法》，智慧工地费用包含：现场安全隐患排查、人员信息动态管理、扬尘视频监控、高处作业防护预警、危大工程监测预警以及集成平台等设备、软件和管理费用。

三、主要指标

（一）智慧工地建设指标

2021 年全省在建项目数 21108 个，实现智慧工地建设项目数 1197 个，政府投资规模以上工程将实现智慧工地建设全覆盖（图 2）。

省辖市	智慧工地数量	县（市、区）	智慧工地数量
南京市	97	江北新区	29
南京市	97	江宁区	21
南京市	97	溧水区	17
无锡市	63	新吴区	25
无锡市	63	经开区	26
徐州市	61	邳州市	20
徐州市	61	新北区	39
常州市	103	新北区	39
苏州市	123	相城区	44
苏州市	123	昆山市	30
南通市	53	如皋市	23
连云港市	56	灌南县	16
淮安市	202	生态新城	17
盐城市	52	阜宁县	19
扬州市	73	江都区	21
扬州市	73	邗江区	22

续表

省辖市	智慧工地数量	县（市、区）	智慧工地数量
镇江市	42	句容市	18
泰州市	59	医药高新区	14
		靖江市	21
宿迁市	110	泗阳县	33

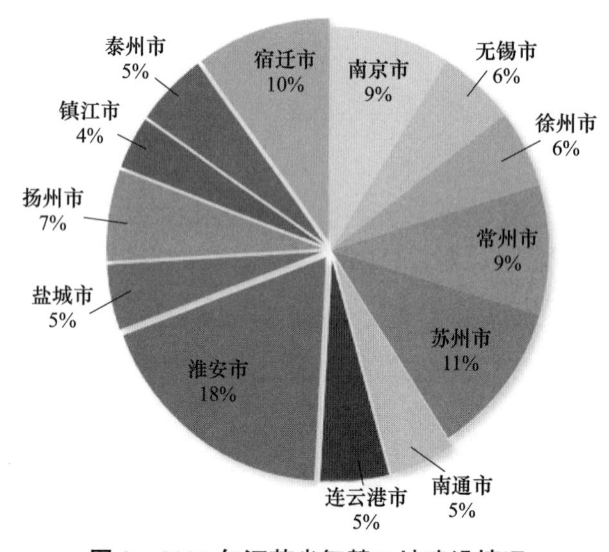

图 2　2021 年江苏省智慧工地建设情况

（二）产出指标

2019 年，结合南京市开展的 24 个试点项目经验，江苏省住建厅联合江苏省财政厅组织开展了 2019 年度省级绿色智慧示范工地创建工作，进一步支持和推动建筑施工安全生产信息化建设，当年下拨资金 6995 万元，支持全省 107 个绿色智慧示范工地创建。2020 年 4 月，江苏省住建厅组织专家组进行了验收，95 个项目通过，总体通过率 88.79%。

2020 年 4 月，对全省 107 个绿色智慧工地项目进行了验收工作（图 3），其中有 12 个项目未通过验收要求，总体通过率达 88.79%。省级财政奖补资金 6990 万元中，对通过验收项目下发奖补资金 6330 万元，12 个未通过项目（涉及奖补资金 660 万元）已下发奖补资金的退还财政。

2021 年 10 月，对全省 31 个绿色智慧示范片区（表 1）和 780 个绿色智慧工地项目进行了验收工作，其中 31 个示范片区验收评分均达 70 分以上，合格率 100%、优良率 64.5%；示范片区内建成智慧工地 694 个，验收抽查 123 个智慧工地，优良率 51%，经各地推荐省级标准化星级工地 665 个，占比 95.8%。

城市分布	数量
南京	12
徐州	9
苏州	10
常州	10
无锡	10
泰州	11
镇江	7
扬州	8
南通	10
淮安	10
连云港	8
盐城	2
合计	107

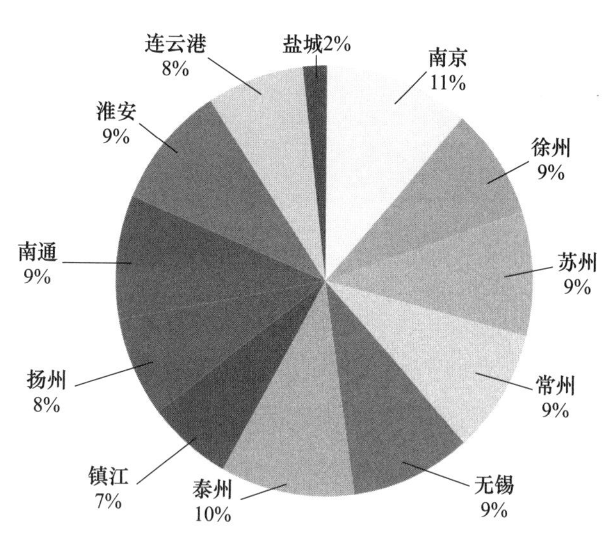

图 3　江苏省绿色智慧工地项目在各市的分布

江苏省 31 个绿色智慧示范片区　　**表 1**

序号	片区	序号	片区
1	南京	10	常州国家高新技术产业开发区（新北区）
2	南京市江宁区	11	苏州
3	南京市江北新区	12	苏州市相城区
4	南京市溧水区	13	昆山
5	无锡	14	南通
6	无锡国家高新技术产业开发区（无锡市新吴区）	15	如皋
7	徐州	16	连云港
8	邳州	17	灌南县
9	常州	18	淮安

续表

序号	片区	序号	片区
19	淮安市生态文化旅游区	26	句容市
20	盐城	27	泰州
21	盐城市阜宁县	28	靖江市
22	扬州	29	泰州医药高新技术产业开发区
23	扬州市邗江区	30	宿迁
24	扬州市江都区	31	泗阳县
25	镇江		

（三）效益指标

年度组织申报的省级绿色智慧示范项目中，有超过60%的项目组织了智慧工地观摩活动，树立了智能化、信息化、数字化高质量绿色智慧工地标杆。同时，组织申报的绿色智慧示范工地项目中，超过90%的项目获得了江苏省标准化星级工地（三星级）荣誉称号。

四、质量安全

（一）总体成效

2018年，南京市24个试点项目安全隐患平均下降率超过20%，产生经济效益1353.65万元。江苏省137个县级以上建筑安全监督机构统一使用安全监管信息化管理平台，节约投资超过1000万元。通过智慧工地建设构建智能防范控制体系，有效地弥补传统监管方式的不足，实现对人员、机械、材料、环境的全方位实时监控，变被动“监督”为主动“监控”，有效提升建筑施工本质安全水平。一是实现数据实时动态查看和风险动态监测。结合项目基础数据及视频、传感器等实时数据，实时查看人员动态信息，重点环节、重点施工部位的施工信息，同时对危险部位、危险环节实时监测、预警管理。二是实现人员动态安全管理。通过工地现场实名制进出管理、基于安全帽的人员定位管理、人员安全教育及奖惩信息管理等，实现对工人的动态安全管理。三是实现项目安全管理标准化、规范化。

（二）质量管理

实施智慧工地管理的工程项目，实现了质量数据自动采集、质量问题及时纠偏、质量考核自动统计，提升了现场质量管理水平。大体积混凝土测温、标养室监测、智能压浆监测、桩基数字化监测、混凝土全过程管理系统立足于“互联网＋质量”的智慧质量监管模式，采用云计算、大数据和物联网技术，以工程建设质量状况为主线，以工程质量管理为目标，建成由政府质量监管部门、检测机构、预拌商品混凝土生产企业、施工企业等共同参与的综合管理平台，规范相关主体人员工作流程，完善现场检查手段，实现了对建设工程质量管理全方位立体化的实时监管，提高工程质量监督动态管理水平。

（三）安全管理

江苏省基本全部实现智慧监管，政府的传统业务平台提升至智能化平台，并能够与施工现场的信息化系统实现实时互通，其互通的要素围绕人员、大型机械设备、危大工程以及工地环境，对其要素数据进行有效管理，并根据数据类型采用不同的技术进行处理和展示，形成一个数据集成分析平台。实现对现场的主要设备及数据监测、传输进行有效研究，重点对智能安全帽人员定位技术、深基坑监测技术、临边洞口防护预警技术、机械设备监测技术、扬尘管控开展研究，最后形成了完整的，可供政府、施工企业、项目部共同使用的三位一体智慧管理平台。塔式起重机吊钩可视化、脚手架监测、临边防护监测、智能烟感、库房监测、履带起重机安全监控等管理系统的应用，实现预警机制，大大避免了工地人员坠落、火灾等事故的发生。塔式起重机接入数、施工升降机接入数、卸料平台接入数在江苏省各市分布情况见图 4。

城市分布	塔式起重机接入数	施工升降机接入数	卸料平台接入数
南京市	303	182	123
无锡市	2	1	40
徐州市	139	108	55
常州市	257	141	176
苏州市	182	235	162
南通市	52	136	76
连云港市	106	36	35
淮安市	230	95	78
盐城市	59	25	26
扬州市	31	21	28
镇江市	85	62	29
泰州市	61	18	82
宿迁市	463	77	74
合计	1970	1137	984

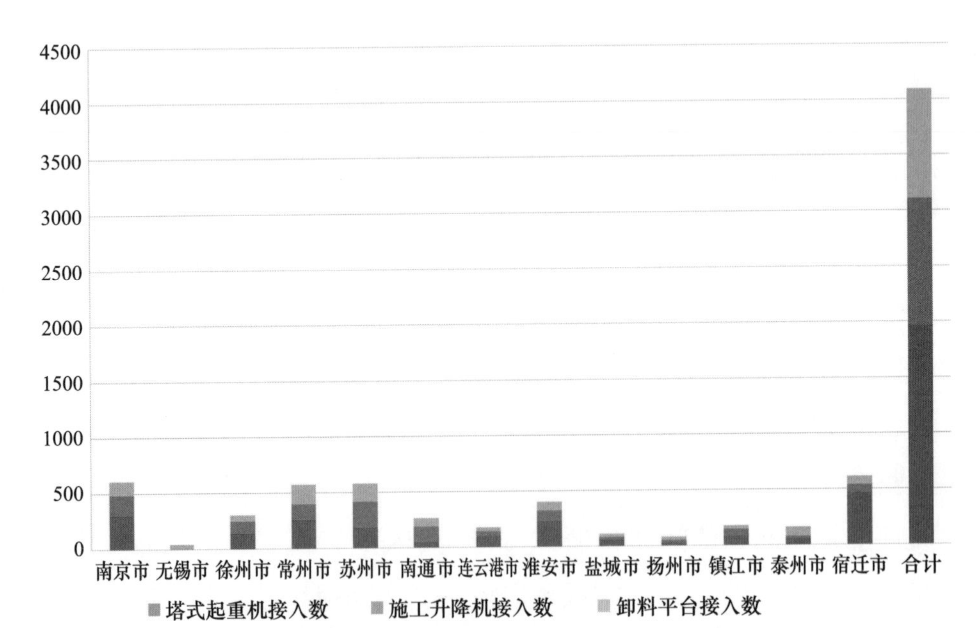

图 4 塔式起重机接入数、施工升降机接入数、卸料平台接入数在江苏省各市分布情况

五、科技集成

（一）政府监督业务系统

在省安管系统应用基础上，完成智慧安监省、市、县（区）三级监管平台的一张网建设，结合“互联网＋”重点强化在移动端应用程序（APP）的管理应用，完善各级平台数据协议标准，实现各级监管平台数据安全合规、互联互通，编制各级平台考核管理办法，实现全省智慧安监平台全覆盖。2020 年，全省将建成一批特色鲜明的智慧工地示范片区，并实现与政府监管平台数据对接全覆盖。截至 2021 年底，全省有 1197 个智慧工地项目接入省安管系统。

（二）标准化体系建设

江苏省建筑安监总站组织编制了《江苏省房屋建筑和市政基础设施工程施工安全监督工作指南》《房屋建筑工程施工现场安全检查用语标准及数据交换标准》《江苏省建筑工程施工安全管理实用手册》《建设工程智慧安监技术标准》《建筑工地扬尘防治标准》。江苏省建筑行业协会编制了《江苏省智慧工地建设标准》《江苏省智慧工地建设标准培训教材》。

（三）BIM 应用及技术管理

智慧工地运用了 BIM 应用等新技术，使智慧工地和整个项目管理全过程进一步融合，对推动智能建造起到了很好的基础作用，对确保工地安全、工程质量、提高工作效率、推动科技创新有很好的提升作用，实现了施工过程相关信息的全面感知、互联互通、智能处理和协同工作。通过 BIM 模型及其碰撞检查，辅助进行图纸会审，对净空、管线布置等细节问题进行优化，减少返工，缩短工期，控制成本。在施工工艺模拟 BIM 应用中，可基于施工组织模型和施工图创建施工工艺模型，并将施工工艺信息与模型关联，输出资源配置计划、施工进度计划等，指导模型创建、视频制作、文档编制等。将施工方案和 BIM 模型进行集成，应用 BIM 技术对项目的重要环节、关键部位进行模拟，分析、优化施工方案；将施工进度计划和 BIM 模型集成后，通过进度模拟可提高其可行性；应用 BIM 模型建立反映临建、设备间立体关系的三维场地平面布置，参照施工进度计划，形象模拟各阶段现场情况，检查、修改临建布置，使现场平面布置满足动态变化需求，资源配置更合理，从而避免浪费，节约成本。

（四）技术推广

通过智慧工地大数据平台建设，横向连接发改、住建、城管、环保等多部门协同办公和数据共享，降本增效；纵向提升建筑行业监管和企业综合管理能力、驱动建筑企业智能化变革、引领项目全过程升级，通过人工智能技术为传统建筑产业赋能。

六、绿色施工

（一）数据采集

智慧工地在现场绿色施工及环境管理场景方面，安装环境数据自动采集仪（扬尘监测采集仪、噪声监测采集仪、污水监测采集仪）实现环境数据自动采集，并与喷淋联动实现自动洒水降尘（图 5）。

城市分布	设备数
南京市	78
无锡市	34
徐州市	168
常州市	577
苏州市	126
南通市	61
连云港市	28
淮安市	309
盐城市	33
扬州市	36
镇江市	88
泰州市	66
宿迁市	9

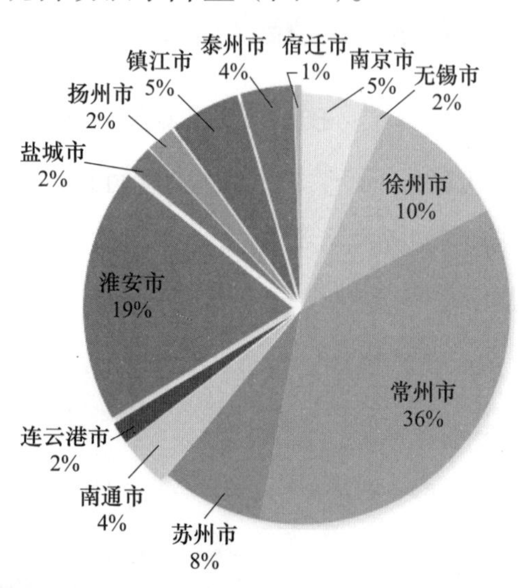

图 5　环境数据自动采集仪在江苏省各市的分布

（二）智能仪表

智能水表监测系统，实时监测办公区、生活区、施工区用水，同时具备按日、周、月、季度等区间统计，各区用水量状态一目了然，为项目节水管理提供数据支撑。

智能电表监测系统，实时监测办公区、生活区、施工区用电量，同时具备按日、周、月、季度等区间统计的功能，为项目节电管理提供管理依据。

（三）车辆管理

车辆进出场管理系统，快速完成施工现场车辆出入检验、记录等工作，挡车道闸自动启闭，对施工现场车辆进出场的管理效率有显著提升。

车辆未清洗监测系统，依靠智能识别高清摄像头和水流传感器等，判断出入车辆是否清洗并对车辆进行抓拍，监测数据和图像实时上传到智慧工地系统，实现在线管理、违规预警等。

七、人力资源

（一）人员信息动态管理

建立项目人员动态信息管理系统，实现对总承包单位、专业分包、劳务分包的资质信息等进行管理；对项目经理、技术负责人、安管人员的资格信息进行管理；对项目经理、安管人员的在岗情况进行管理；对特种作业人员进行管理；对现场劳务队伍和工人在作业过程中涉及质量、安全行为的违规违纪奖惩信息以及职业技能、学习能力、履约能力等信息的大数据分析与共享。

（二）实名制管理

进出人员身份识别及在岗信息显示系统是由人脸闸机子系统、人员注册子系统等组成。系统可多维度对项目分布、作业人员的身份信息、进出权限等要素进行严格管理，实现对工地现场人员的精确定位，建立一个完整而实时的管理系统，帮助建筑企业解决建筑工人实名制管理方面存在的困难，并能结合工地实际管理需求，强化日常监督管理，避免薪资纠纷。

（三）虚拟现实（VR）安全教育

实施“多媒体或VR安全教育体验”建设，有效地解决了传统企业安全培训的诸多问题，搭建面向全员的安全培训体系，实现有效、全员、可持续的安全培训，夯实企业安全管理基础。

（四）人才培育建设

集聚拥有关键核心技术，带动智慧城市新兴产业发展的优质人才、企业、科研机构落地，带动大数据与人工智能领域人才发展。

八、行业服务

（一）市场情况

2018年，24个智慧工地试点项目在加强人员管理、扬尘监控、高危作业监控等方面运用智能化管理手段，解决了人员难管理、考勤数据不准确、施工安全、施工进度、安全隐患等问题，推动了智慧工地健康稳步发展。2019年，在试点基础上，全省增加到107个项目，并新增了绿色施工概念模式。在大力推动下，智慧工地集成服务市场得到了快速发展，建设成本不断下降。2018年全省24个智慧工地建设费用平均摊销6.7元/m^2，2019年107个项目平均摊销3.5元/m^2，平均摊销同比下降47.8%。智慧工地相关设备成本同步呈下降趋势，立体定位的安全帽从2017年1000元/个降至2019年150元/个；人员管理中VR安全教育培训系统从2017年10万元/套降至2019年5万元/套。

根据 2019 年绿色智慧示范工地建设投入统计，智慧工地项目投入在 160 万之内的占 87%。智慧工地项目投入占比如图 6 所示。

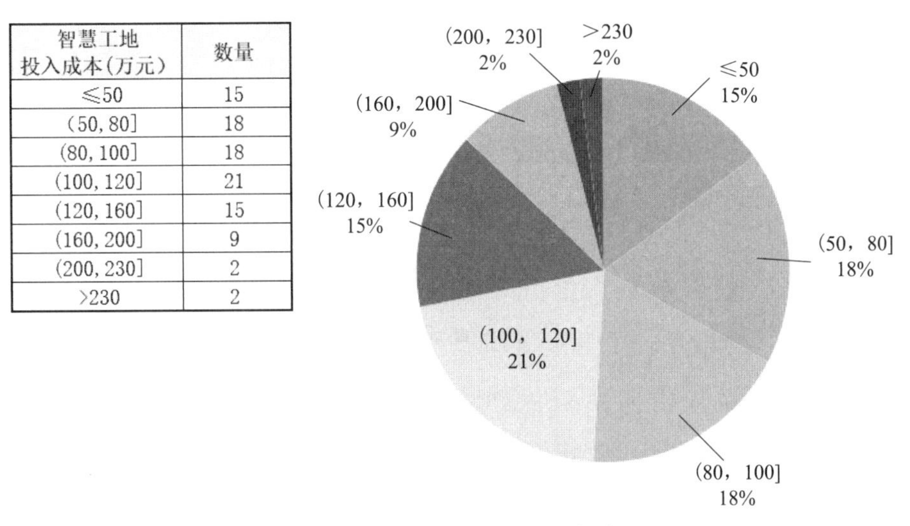

智慧工地投入成本（万元）	数量
≤50	15
(50, 80]	18
(80, 100]	18
(100, 120]	21
(120, 160]	15
(160, 200]	9
(200, 230]	2
>230	2

图 6　智慧工地项目投入占比

（二）企业情况

根据智慧工地的发展，涌现了一批新型智慧工地集成服务企业。集成服务企业根据智慧工地系统的设计、布置、安装与运维，有针对性地制订选择合适的智慧工地方案，负责设备采购、安装和现场通信线路布设；定期现场巡查，确保智慧工地系统正常运转；指导、协助、参与现场智慧工地的建设，探索、研究智慧工地深入应用的方法，并进行适度的研发，倒逼软、硬件公司优化。目前，江苏省智慧工地市场大多数集成服务企业团队规模小，单兵作战能力强，覆盖面大。截至 2021 年底，全省共有 82 家集成服务企业：年度累计承接集成智慧工地项目数 100 个以上的有 1 家，50 个以上的有 6 家，20（含 20）个以上的有 11 家。从承接项目数量来看，差距明显，有半数的企业年度仅集成了 1 个项目。

（三）工地现场的实际需求

系统投入成本可控、循环利用，使用稳定、可靠；提供的数据具有积极预警、多重应用的功能；智慧工地建设与现场项目管理相结合，实现项目整体成本控制，效能增加。

九、任务目标

（一）加强顶层设计，完善标准体系建设

持续推进政府监管平台建设。在江苏省已建成31个省级绿色智慧示范片区的基础上，继续加大推进力度，按照“提升行业监管和企业综合管理能力、驱动建筑企业智能化变革、引领项目全过程升级”的总体要求，逐步实现“三个全覆盖”，即实现全省各地所有县（市）、区智慧监管平台建设全覆盖，实现所有政府投资规模以上新建工程智慧工地全覆盖，实现所有智慧工地接入智慧监管平台全覆盖。

加快智慧工地行业标准体系建设，着力解决当前存在的软硬件集成难、市场系统选型难、数据融通度不高等问题，大力提高各类技术应用软件和系统的集成度，建立统一的功能模块标准、设备参数标准、数据格式标准、平台对接标准和数据看板标准，实现项目端数据与企业端、政府监管层的互融互通，促进智慧工地关键技术和成套技术研究成果转化标准规范。推动地方行业标准《江苏省智慧工地建设标准》发布实施。

全面提升智慧工地建设水平。推动智慧工地建设从安全监管优先，向人员管控、质量管控、建筑信息模型（BIM）技术、材料管控、绿色施工等关键技术应用的全覆盖，加快数字化转型升级步伐，驱动建筑行业向智能建造迈进。组织编制《年度江苏省智慧工地建设发展报告》，不断提升全省智慧工地建设水平。

（二）坚持科技创新，推动新技术研发应用

加强核心技术攻关。鼓励和引导企事业单位、高校、科研院所开展智慧工地、智能建造共性技术和关键核心技术研发、转移扩散和商业化应用，梳理一批课题任务，集中人力财力进行专项攻关，争取在新型传

感感知、工程质量与安全检测监测、数据采集与分析、故障诊断与维护、专用软件等核心技术上取得突破，推动智慧工地应用技术水平不断迭代升级。

坚持需求导向原则。加强智慧工地应用现状调查与分析，找准智慧工地技术应用在质量、安全、进度等管理方面的关键需求，避免出现设计开发与实际应用价值间的脱节问题，研究提出解决问题的技术应用体系和措施。重点加强传感器网络、低功耗广域网、5G、边缘计算、射频识别（RFID）及二维码识别等技术在智慧工地、监控管理、节能减排和智能建筑中的集成研发和应用。

推动BIM技术深入应用。重点加强BIM技术在深化（优化）设计、施工模拟、可视化交底、工程量统计、多算对比等方面与施工管理的深度融合，推动BIM技术在工程项目规划、设计、施工和运营各阶段及全生命周期中的应用。

（三）规范市场行为，促进行业健康发展

完善智慧工地市场信用体系。通过行业自律，规范智慧工地服务市场秩序，制定统一的服务合同、服务内容、服务质量、违约责任等，避免低价恶意竞争，营造健康良好的行业发展环境。按照“企业申报、协会统计、社会公示”的原则，定期发布技术服务商的招投标、合同签约、技术能力、投诉处理等指标数据情况，建立健全服务质量巡查发现、问题处理、异议核实等动态监管机制。

强化各方建设主体责任。认真落实《省住房城乡建设厅关于智慧工地费用计取方法的公告》（省厅公告〔2021〕第16号）文件精神，督促建设单位及时足额保障安全文明措施费用。施工总承包单位对“智慧工地”建设负总责，智慧工地服务商要按要求选定满足功能规范和接入标准的各型设备，规范签订设备采购、运维合同，强化各类设备运行维护保障工作，做好“智慧工地”各系统的日常应用，不断提升运维质量和水平。监理单位要督促施工单位推进“智慧工地”建设，并有效应用于施工现场实际管理。

鼓励市场多种运营模式。智慧工地集成服务商在提供面向单位工程服务外，鼓励其面向某一施工企业或某一地区政府提供一揽子技术服务；鼓励有信息技术研发能力的大型施工企业，在探索应用智慧工地技术解决现场实际问题和实现关键环节管控等方面先行先试，鼓励其制定相应技术标准；鼓励集成服务商提供总体解决方案（软硬件和技术服务）、单纯技术服务、租赁服务等多种服务承包模式。

（四）开展技能培训，打造专业人才队伍

大力开展专业岗位技能培训。建设行业人员构成复杂，信息技术能力有限，亟须加强专业技术知识培训和教育。依托行业协会，组织编制《江苏省智慧工地建设标准培训教材》，试点开展 2～3 期智慧工地专业岗位技能培训，逐步实现智慧工地建设和运维人员专人专岗、持证上岗。

积极构建在线教育平台。通过云技术及移动互联技术，构建线上教育平台，通过在线学习、在线考试、在线解析以及在线直播等线上教育方式，提高务工人员专业技能和劳动保护、安全施工、文明施工意识，实现实时教育、主动教育。利用大数据分析统计等技术手段，分析项目管理薄弱环节，及时消除现场隐患，同时将线上学习记录纳入全省建筑工人实名制管理服务平台。

完善专业人才评价机制。通过培训考核、优秀表彰、技能认定等措施，实现人才梯队的建设、竞争和认定评估。引导和鼓励各类管理人员和作业人员加强学习培训，提高信息技术应用和平台操作业务能力，出台信息化考核的激励制度，提升各类用户的积极性。

（五）开展交流学习，提升行业发展水平

坚持示范引路。组织编写《省级绿色智慧工地案例集》，选取部分典型示范项目，召开技术研讨会和现场观摩会，提高行业整体发展水平，增强社会对智慧工地相关技术的整体认识度和接受度。逐步推进质量、绿色施工、生产进度、物料管控等信息化技术在智慧工地建设方面的运用，在

南京市、常州市和如皋市等地开展智慧工地技术在工程质量管理等方面的应用试点。

健全激励机制。推动质量安全监管部门督促工程项目开展“智慧工地”建设工作，并应用“智慧工地”平台开展日常监管工作，将“智慧工地”建设情况纳入过程开工安全生产条件勘验主要内容和日常质量安全监督内容。同时将“智慧工地”建设作为建设项目评优评先条件，在各级建筑安全文明施工标准化工地等评审推荐时，优先考虑完成“智慧工地”建设的项目。多形式、多渠道加强“智慧工地”的宣传推广，为“智慧工地”建设营造良好的舆论环境。

纪　迅　江苏省建筑行业协会常务副会长
殷会玲　江苏省建筑行业协会建筑产业现代化工作委员会副秘书长

加快转型升级，优化生态环境
全力打造可持续发展的建筑业企业群体队伍

——关于推进泰州市建筑业高质量发展的思考与建议

戴葆华

受泰州市住建局委托，泰州市建筑业协会就推进全市建筑业高质量发展这一课题进行了专题调研。调研方式：一是组织泰州地区部分建筑业企业召开专题调研会；二是向部分企业发放调研问卷；三是通过有关渠道了解所需信息。根据所掌握的资料，我们组织了多次内部研讨。现将调研结果综合汇报如下。

一、泰州市建筑业发展现状

泰州地区是江苏省，乃至全国知名建筑之乡聚集地。建筑业作为泰州市重要的支柱产业之一，自二十世纪八九十年代至今，对本地区的经济发展一直起着非常重要的作用。30 多年来，泰州建筑业始终保持着较好的发展势头。

截至 2021 年 12 月 31 日，泰州市有建筑施工总承包特级资质企业 8 家，总承包一级资质企业 82 家，其余总承包二级、三级和专业承包施工企业共计 4631 家，从业总人数约 174.1 万人。

近几年来，泰州市建筑业企业入库税收情况：2018 年 49.16 亿元，2019 年 55.03 亿元，2020 年 62.83 亿元，2021 年 69.14 亿元。2021 年全年完成建筑业总产值 4688.4 亿元，总量和增速均居全省第四。

泰州市建筑业已走过了 30 多年持续快速发展的历程。而如今，我国建筑业市场环境已发生巨大变化，支撑我市建筑业发展的原有一些利好因

素有不少正逐步消失或弱化，如：

（一）充沛的建筑劳务资源优势正在丧失

现在即使本地项目的劳务资源也经常处于短缺状态，只能从四川、贵州、安徽等地招募劳务人员补充。

（二）产权制度改革形成的体制优势正在弱化

作为我市建筑业企业主体的民营企业在改制后，曾经焕发出极大的活力，促进了泰州市建筑业的快速发展。而如今，相对于国有企业，民营企业在管理体制上虽然仍存在一定优势，但在外部整体生存环境方面却处于劣势。

另外，传统房建市场逐步萎缩，房地产市场风险不断积累，以资质改革为核心内容的建筑业改革进程仍在深入推进，信息化、数字化、绿色化、智能化、建筑工业化等一系列新事物、新业态不断涌现，所有这些都对我市建筑业企业加快转型升级发展步伐形成倒逼态势。

二、企业转型发展进程中的困难和问题

经过这么多年来的发展，泰州市建筑业在资本、人才、市场资源等各方面，都有了深厚的积淀，具备持续和健康发展的基础。而本次调研，我们将关注点更多地集中在企业转型发展的困难和问题方面。

（一）企业转型发展的成效和不足

1. 业务转型方面

市政、路桥、消防设施，以及与土建施工最靠近的机电安装、装饰装修等业务，一些重点施工企业虽然都有不同程度涉足，但至今没有哪家企业在这方面有大的突破。正太公司参与国企混改控股南京水务公司是业务转型的一个较成功案例。泰州地区也有一些做得较好的专业化施工企业。

但总体上看，在泰州市建筑施工企业主营业务构成中，房建施工业务依然占主要部分；而有些企业房建业务中，房地产开发商的业务又占据了主要地位。

2. 经营模式方面

EPC是经营模式转型的重点方向，我市8家特级资质企业中大部分都拥有自己的建筑设计院，近些年来，承建的EPC工程项目也逐步增多，但总体看，在设计与施工的深度融合方面做得还很不够。投融建一体化、PPP等业务模式方面，不少企业都有一些成功的案例，江苏华昊建设集团近年来实施了8个PPP项目均入围国家项目库，总投资额超40亿元。但总体而言，泰州市建筑业企业在这方面与央企和大型国企相比，远不在一个层级水平上。

3. 建筑工业化

全市19家装配式建筑生产企业已形成10万m^3的年生产能力，产能相对过剩；锦宸集团在装配式建筑生产方面做得较早，现拥有上海宇辉、江苏宇辉、江苏沃宸三家建筑部品构件生产企业。

（二）企业转型发展进程中的困难，主要表现在以下三个方面

1. 市场经营难

要实现业务转型，首先要承接到更多的非房建施工业务，而要想在这方面取得突破，必要的业绩积累往往又是前提条件，企业因此在市场经营开拓中陷入了一个较难破解的死循环。至于一般性工程项目，近些年来，外埠市场的地方保护政策随处可见，加之房地产开发项目的风险加大，多重因素叠加，致使我市建筑业企业外埠市场的拓展之路困难重重。至于本土建筑市场，我市建设工程招投标市场相比于周边其他地区更为开放，不少外地建筑施工企业甚至比本市企业显得更为活跃。至于政府投资项目，我市民营建筑施工企业几乎没有什么竞争优势：大型基础设施项目已为中铁等大型央企所垄断，其余一般性项目大部分为政府平台公司所属企业承包，民营企业要想通过公开市场竞争获得政府投资项目业务不是

容易的事。

2. 资金融通难

这几乎是所有参与调研企业共同的呼声：现阶段我市建筑业企业主要融资渠道依然是通过银行授信、品种涵盖信用借款、保函和供应链融资等，贷款期限多为一年期短贷。而即使是授信额度内的贷款，银行对企业提供担保的要求越来越高，有些甚至到了非常苛刻的地步！另外，姜堰区正太、锦宸、中程三家企业与原万邦集团公司（重组后更名为泰州建工集团有限公司）历史形成的资金担保链至今没有化解，随着公司的不断发展，对银行信贷的需求也相应增加，但解不开的担保链死结成了公司银行资信增加的一道无法逾越的障碍。

3. 人才聚集难

建筑行业有一定素质的人才大多是往大城市跑，往大型央企、国企跑，实用型人才和某些岗位的中高端人才短缺一直是制约公司转型发展的瓶颈。正太公司通过南京正太中心平台吸引并留住了一部分人才，但与企业发展的要求还相距甚远。

（三）其他有关方面的问题

1. 面对建筑业资质改革，我市建筑施工总承包特级资质企业即将面临从特级资质向综合资质的过渡。按照新的标准，综合资质企业须具备至少两类甲级施工资质所需人员和工程业绩。而我市 8 家特级施工资质企业基本上以房建施工业务为主，其他类别工程业务虽然也有涉足，但是大多达不到甲级资质要求。如不能在过渡期内尽快完成相应业绩积累，在今后资质动态核查的过程中，就存在综合资质降为甲级资质（相当于现在的一级资质）的风险。

2. 关于恒大危机，我市部分重点建筑业企业不同程度遭受冲击，对此，本协会已有专题调研报告递交市政府及有关单位。恒大危机的爆发，预示着今后建筑业企业市场经营风险的加大。本市建筑业企业也与国内其他建筑业企业一样，陷入了似乎是两难的境地：怕风险，不敢过多地承接工程业务，尤其是房地产开发商业务；要发展，必要的经营规模又是众多企业追求的目标。如何破解这一困境？将是对泰州市建筑业企业新的挑战。

三、思考与建议

实现泰州市建筑业高质量发展的根基在于：资本、人才、信息等各类资源的集聚与高效整合，以建筑施工为核心的各类市场主体活力的充分激发等。我们认为这需要企业与政府方面的共同努力，缺了哪一方的积极性都很难达到理想的目标。

（一）要努力形成一个可持续发展的建筑业企业群体队伍

泰州地区现有 4631 家建筑施工企业中，重点骨干企业至少包括：施工总承包特级资质企业、部分发展质态较好的施工总承包一级资质企业和一些做得较成功的专业施工企业。这是泰州市建筑业企业群体队伍的中坚力量。这一企业群体的稳定和持续发展壮大，是实现泰州市建筑业高质量发展的必要基础。要实现这一大的目标，需要每个企业尤其是重点骨干企业都能有较好的发展。而每个企业具体情况不一样，其战略发展思路也各不相同。但从总的方面看，以下四个方面的工作应该具有一定的共同性。

1. 进一步加大梯队人才建设力度

一个企业的发展现状及前景如何？关键取决于其核心管理团队的整体素质，尤其是企业掌门人的战略眼光和经营能力。经过这么多年的时间积淀，我市无疑已积聚了一大批有较高素质的建筑业管理和技术人才。但同时也必须清醒地看到，随着外部形势快速发展变化，我市高素质建筑业人才队伍，尤其是高端的领军型人才仍十分紧缺。而且，有些老同志在建筑行业摸爬滚打数十年，至今仍在企业的重要岗位上坚守。尽快让年轻有为的人才经受磨炼，独挑大梁，不仅是现实的需要，更是长期战略发展的需要。人才培养不是一朝一夕的事，我市重点企业都应将梯队人才建设作为公司发展战略的重要一环，认真规划，有效落实。

2. 进一步加快企业转型步伐

向市政基础设施、水务环保、装饰装修等业务领域拓展，向EPC、BT、BOT、PPP等业务模式转型，向建筑产业价值链的中高端延伸等，一系列转型目标不断见诸重点骨干企业的战略发展思路和规划等材料中，但要真正使思路得以实施，目标成为现实，并非易事！每个企业的转型之路应如何走？没有统一的模式，关键取决于各企业负责人的战略眼光，高层管理团队的团结奋斗精神，以及对资本、人才、信息等各类资源的经营和整合能力等。

3. 一步步加大市场经营力度

泰州市建筑业企业现有市场经营的区域，大致可分为省外传统优势市场、省内本土市场、海外市场。

（1）泰州市重点企业大多在省外有自己的传统优势市场，他们在这些地方长期耕耘，有的甚至长达10～20年，积累了较为深厚的人脉资源和品牌优势。不管今后市场结构如何调整，这些传统的优势市场要尽可能维护好，现阶段因外部环境的影响，有可能会遇到一些暂时的困难，但决不能轻言放弃！毕竟，丢弃一个市场是分分秒秒的事；而重新开辟一个新的市场，要历尽千辛万苦，最终还不一定能成功。

（2）关于省内市场。泰州市建筑业企业至少占据地利、人和两大优势，尤其是泰州地区本土建筑市场，如果综合实力在省内行业中排名靠前的泰州市建筑业企业，在本土市场竞争中都不占优势，建筑工地上更多看到的是外地施工企业，则无论如何是说不过去的。从反馈的资料看，锦宸集团去年省内市场业务占新签合同额的89%，这在我们所了解的其他企业中，属于在本土市场经营得最好的。

（3）关于海外市场。我市不少企业在海外市场有工程业务。正太集团在海外市场经营近30年，现主要市场集中在非洲南部。近两年虽受新冠疫情影响较大，但海外营业额仍稳中有升。前不久，正太集团入选“2021年度ENR全球最大250家国际承包商中的中国内地企业”榜单第70名。随着国家“一带一路”倡议持续推进，寻找机遇向海外市场拓展，应该是泰州市建筑业企业市场经营的重要方向。

除以上三大类市场外，我市建筑业企业还应主动出击，加大投入，寻求各种机遇，继续向长三角、京津冀、大湾区等热点市场进一步拓展。上海攀成德公司在一份研究报告中对全国31个省市政府负债率情况做了一个统计，其中广东、北京、江苏、上海、福建、湖北、山东、重庆等17个省市属于中风险地区（《施工企业管理》2022年第1期），这是否也可作为我市建筑业企业市场拓展方向选择的一个参考。

4. 进一步提升企业综合管理水平

一是要坚持走实体化经营道路。随着改革的深入，挂靠经营管理模式无论从哪方面来看，今后的生存空间都将越来越小。**二是要不断提升项目经营管理能力，**能够以低于市场平均水平的总造价按合同要求稳定生产出质量合格的建筑产品，不仅体现了企业对工程项目的管理水平，也是建筑企业最为重要的核心竞争力之一。**三是要着力提升经营风险管控能力。**房地产项目风险加大，但我市建筑施工企业从此就不再承接开发商工程业务也不现实；另外，非房地产业务也并非就没有风险。关键是要增强风险意识，要从项目资金来源、项目质量、工程合同签订、施工建造、竣工交付、工程款回收等全过程进行严格的风险把控。**四是关于信息化和数字化管理转型。**信息化技术已越来越成为提升建筑业企业内部管理水平的一个重要工具，我市建筑业企业信息化建设总体水平如何？我们尚未作深入调研。但据初步了解，一些企业综合项目管理系统已日趋成熟；智慧工地在行业主管部门的推动下，正越来越多地运用在项目施工管理现场；有的企业已经在向业财一体化、BIM技术与项目管理系统的深度融合等数字化转型方向发力。总之，作为建筑业企业管理转型的大方向，信息化和数字化管理转型必须引起我市建筑业企业的高度重视。

（二）要进一步加大政府部门对企业的政策扶持力度

在我国现实的市场环境中，和谐的政商关系以及政府在企业发展进程中所发挥的积极作用是无可替代的。这次我市部分建企在应对恒大危机的过程中，更需要政府方面的倾力支持和帮助，否则很难顺利渡过难关。

这些年来，我市各级政府制订了不少针对建筑业企业的优惠扶持政策。其中，2020 年 10 月，市政府常务会议讨论通过的《关于促进全市建筑业高质量发展的实施意见》（泰政办发〔2020〕49 号），提出了包括扶持企业做优做强、推进行业转型升级、优化市场环境等一系列重点任务，明确了落实相关任务的责任单位。这些文件精神是否得到很好的落实？实施效果如何？本协会尚未作深入调研。我们认为，政府对企业的各类优惠扶持政策，一是要切中企业的痛点，二是要有切实可行的实施路径，并体现在具体的实施细则中。从调研情况看，现阶段我市建筑业企业所关注的痛点集中表现在以下三个方面：

一是市场业务。由江苏省建筑业协会张宁宁会长主编的《江苏省建筑业高质量发展调研报告（2020 年）》中披露，2019 年，通过政府政策扶持、地方企业参与试点，我省一批企业在城市轨道交通、桥梁隧道、综合管廊、海绵城市等领域拓展上取得新成就，全省共有 13 家企业以联合体形式中标城市轨道交通 17 个标段建设项目。首先，我市也有一些较大型基础设施项目，以往基本上是由实力雄厚的央企所垄断，我市建筑业企业如能在政府政策扶持下，与央企以联合体的形式参与，将有利于促进其转型发展的步伐。其次，关于公建项目市场，现在泰州市和所属各市区政府平台公司基本上都成立了由其全资控股的建筑施工企业，这些企业大部分为总承包二级及以下施工资质，综合实力大多不强。我们认为，这对于民营企业是不太公平的：民营企业为地方经济作出了较大贡献，在公建项目招标市场上，至少应该让国企与民企在同一平台公平竞争。

二是信贷融资。资金是企业健康运营的血液，在调研中我们不断听到企业对资金的渴求。我市有些企业这些年来经营规模不断扩大，但银行授信额度却多年没有增加。2021 年以来，我市部分受恒大危机影响的企业，流动资金处于暂时困难，更是期望得到金融部门的理解和支持。政府虽然不好直接介入银企事务，但如能直接关心企业遇到的困难，协调金融部门加强与企业之间的沟通，使金融部门更多了解企业积极努力发展生产经营的实际情况，从而增加银企之间的互信，为企业正常融资提供更多的支持。这对企业的支持作用是巨大而无可替代的。

三是人才政策。吸引人才的关键在企业，取决于企业的发展前景，以及提供的平台、薪酬待遇、工作环境等因素。而政府对建筑行业人才培养和引进的作用也是非常重要的。据了解，我市在制订关于工业企业扶持政策方面，将工业企业分为支柱企业、重点企业和成长型企业三类，针对三类企业有相应的人才津贴政策，而对建筑业企业则未作此类划分。关于人才津贴政策，建筑业企业与工业企业也有一定距离。我们认为，政府在制订有关人才激励政策方面，至少应给予建筑业企业和工业企业同等待遇。

（三）要努力营造有利于建筑业企业健康发展的良性生态环境

建筑施工是建筑产业链中的一个核心环节，建筑施工企业不仅要与产业链上下游众多企业保持密切的合作关系，还要与当地政府部门、金融、司法，乃至社会各界相关方面保持经常性的沟通交往，建筑企业同行间有竞争，也有合作。所有这些市场主体之间的竞争与合作、沟通与交往、信息联通、资源整合等，形成了建筑业企业生存和发展的生态环境。

建筑业企业所处生态环境涉及面非常广，如何更好地营造和优化？需要进一步深入探讨和研究，如：

1. 国有和民营企业的关系问题

两种企业组织形式各有千秋，优势互补，都是促进泰州市建筑业发展的动力因素。但现实的情况是，有国资背景的企业依托国有平台公司，在承接政府投资工程项目、银行融资等方面，较之民营企业能够占有更多的社会资源，正由于此，促使许多民营企业纷纷寻求与国有资本合作的渠道，努力为自身镀上国资背景的金色光环，这之中是否有一些素质不高而以投机钻营为目标者不得而知。实际上，政府平台公司将公建项目直接发包给所属企业承建，无非是秉承“肥水不流外人田”的理念，截留一些工程项目利润（是否能获得预期利润还很难说）。而如果能够平等对待民营企业，让民营企业能够在更好的市场环境中得到发展，将会更多地通过纳税等途径回报地方经济。

2. 如何对待建企较多的经济诉讼问题

建筑施工本身是一项较为复杂的社会活动，其具有标的额大、参与者多、工期长、专业性强、涉及面广、法律关系复杂等特点。在此期间，建筑施工企业与相关参与方发生经济纠纷属正常现象。且企业规模越大，干的工程越多，发生经济纠纷的概率就越大。首先，建筑施工企业在经济诉讼中如被人民法院判决败诉或违约情形，会涉及许多复杂的因素，并不能因此就被社会贴上不诚信的标签。其次，地方法院对于涉及建筑施工企业的经济诉讼案件，是否只要起诉方申请，就对本地建筑施工企业资金账户一概采取冻结和财产保全的做法？特别是涉“恒大系”诉讼案件，相关建筑施工企业被恒大拖欠大量资金而诉讼无门，而下游供应商、分包商诉建筑施工企业案件如仅按常规的司法程序，将相关建筑施工企业的资金账户一封了之，会产生难以估量的连锁反应，受牵连的恐不仅仅是相关联的供应商、分包商。

建筑业企业所处生态环境是地方社会总体生态环境中的子系统，努力营造和不断优化这样的生态环境，有赖于政府的统一领导和科学运筹，以及企业、社会各界的共同努力和长期坚持。

如何推进泰州市建筑业高质量发展？这是一个非常大的课题。由于条件限制和新冠疫情影响等因素，本协会此次调研存在缺乏系统性、深度不够等诸多不足，有些观点尚缺少较完整的数据支撑。今后，本协会还将继续关注这一重大课题，进一步协助政府和行业主管部门做好相关工作。

戴葆华　泰州市建筑业协会副会长兼秘书长

关于推进常州市建筑业高质量发展的调研报告

朱俊毅

一、常州市建筑业发展现状

（一）建筑业持续快速增长

近几年常州市建筑业快速发展，产业规模不断壮大，建筑业产值规模显著扩张，全市建筑业总产值从2017年的1542亿元，增长至2021年的2488亿元，年均增长12.18%;其中市外、省内建筑业产值从2017年的356亿元，增长至2021年的520亿元，年均增长14.83%；省外建筑业产值从2017年的600亿元，增长至2021年的1025亿元，年均增长14.16%。新签合同额从2017年的1546亿元，增长到2021年的4114亿元，年均增长33.22%。但2022年以来，受房地产市场萎缩、新冠疫情影响及宏观经济下行等多重叠加效应，建筑业增长速度放缓，同比增长可能下降。

（二）企业数量不断增加

2017年全市建筑业企业1084家，发展至2021年的2071家，增长91%，年均新增197家。截至2021年年底，常州市建筑施工总承包特级资质3家，一级建筑总承包企业96家，二级建筑施工总承包企业170家，三级建筑施工总承包企业247家；一级专业承包企业90家，二级专业承包企业259家，三级专业承包企业92家；劳务企业268家。全市建筑业企业从业人员7万多人，其中一级建造师3356人，二级建造师10702人；全市施工现场建筑劳务用工人员近11万人。

（三）安全形势稳定可控

全市建设各方健全安全生产“党政同责，一岗双责，齐抓共管”的责任体系，完善风险分级管控和隐患排查治理双重预防体系，构建危险性较大的分部分项工程安全管理体系。全面推进建筑施工安全生产标准化考评，建筑业企业安全管理水平不断提升。“十三五”以来，全市建筑施工安全生产形势平稳可控，无较大以上安全事故发生。

（四）工程质量稳步提升

各级建设行政主管部门大力开展房屋建筑质量治理两年行动和三年提升行动，大力推行样板制度，持续开展住宅工程质量常见问题专项治理行动，编制出版了《常州市建筑工程特色做法图集》，大部分规模以上建筑业企业相应编制具有本企业特色的质量标准图集或指导手册，全市房屋建筑质量得到稳步提升，2017 年以来，常州市建筑工程项目获得“鲁班奖”1 个，“国优奖”项目 5 个，省“扬子杯”121 个，市“金龙杯”525 个。

（五）建筑市场秩序逐步规范

近年来常州市建设行政主管部门扎实开展建筑市场治理整顿，严格工程建设基本程序监管，强化建设工程各方主体行为。持续开展规范建筑市场专项整治行动、工程建设领域专业技术人员职业资格“挂证”行为专项整治，加大招标投标管理工作规范化建设，落实建筑施工现场关键岗位实名制管理，推进建筑工人实名制管理，完善建筑行业诚信体系建设，加强建筑市场和施工现场联动管理，治理整顿建筑市场秩序，逐渐营造良好建筑市场诚信环境。

（六）科技创新成效明显

常州市以项目安全生产标准化管理为抓手，加大科技创新力度，大力推广智慧工地，强化工程建设质量管理、持续推进绿色施工。2017 年以来，国家级质量管理（QC）成果 67 项，省级 QC 成果 443 项，市级 QC 成果 1317 项，省级绿色示范工地 46 项，市级绿色示范工地 187 项；创建了一大批省级文明工地和市级文明工地等。

二、常州市建筑企业发展中面临的问题

“十三五”以来，常州市建筑业产值持续增长，但也面临着严峻挑战。特别是2021年以来，由于受全国经济下行和房地产形势的影响，常州市建筑企业也受到了较大的影响，综合分析，主要有以下几个方面的问题：

（一）企业小而散

常州市建筑业中小企业众多，行业整体产能过剩，其中普通产能严重过剩，先进产能严重不足，缺乏“专精特新”企业，行业内资源配置效率不高，产业集中度低，企业的核心竞争力不足。全市2071家企业中，特级资质企业只有3家，而全省特级资质为71家，常州市特级资质数量明显落后于南通、南京、苏州、扬州、泰州等城市；96家建筑施工一级总承包企业中具有房建、机电安装或者市政双一级资质的只有10家，缺少房建一级资质同时具有公路、水利等专业一级资质的双一级资质，而且这些企业绝大部分都缺少市政、水利、交通等相关业绩。

（二）发展理念滞后

许多中小建筑企业思想僵化、观念陈旧，在发展思路上没有新突破，企业自身造血功能弱化，在技术革新、设备更新等方面资金投入较少，技术和装备水平相对低端。行业整体新型工业化、信息化尚处于起步阶段，机械化、信息化、智能化程度不高，大多数建筑企业的生产经营仍处于劳动密集型为主的产业发展初级阶段，企业转型升级速度迟缓。目前，常州市建筑业行业结构相对单一，以房建、机电安装为主的建筑业企业很难参与到高技术含量、高附加值产业建设的竞争中去，向国家基础设施投资方向转换难度较高，建筑业企业参与公路工程、水利水电工程、市政工程、轨道交通工程等建设业绩少，市场参与度不高。

（三）人力资源匮乏

常州市建筑企业人才效应重视程度不足，人才的培育和选拔工作不显现，缺乏高层次的企业管理人才和技术人才，建筑管理人才老龄化，引进高层次技术人才困难，后备人才缺乏。建筑工人老龄化十分严重（平均年龄超过47岁）、技能水平低（主要工种初级以上技能等级证书不足2%）、流动性大、安全意识薄弱、管理难度大等突出问题是一直困扰各级建设主管部门难题，这些问题严重制约了常州市建筑业高质量发展。

（四）资源整合不足

企业融资渠道单一，资本运作能力不强，产业资源整合不足，不能有效延伸产业链，上下游关联度低，企业之间的整合重组不够，同质化竞争现象严重，没有形成能够代表本地区建筑行业水平的建工集团，建筑行业龙头企业的带动作用不大，除溧阳部分企业外，其他企业开拓市外业务能力不足。建筑业企业与建材业、房地产业、工程设计与咨询以及投资金融业的联合发展不足，致使许多实力雄厚、资质高、垫资能力强的外埠企业纷纷进入常州市建筑市场。据统计，2019年以来，常州市申领施工许可的3952个项目中，由外地施工企业总承包的项目合同金额占比近40%，公开招标的政府性投资项目超过50%。

（五）建筑市场环境仍需改善

近几年，常州市采取多种措施加强营商环境建设，改善建筑市场环境，促进企业加速发展，为企业经营提供了很多便利，但在实际操作中存在诸多障碍，不利于建筑业企业的健康发展，主要在以下几个方面：

1. 近两年金融业因国家产业政策调整、房地产市场紧缩等原因，部分银行对建筑业企业存在压贷、抽贷、缓贷、停贷等现象，面向建筑业的金融产品偏少、贷款手续繁多、时间周期长，建筑业企业融资相对比较困难。

2. 2022 年 7 月 1 日实施的《常州市商品房预售资金监管实施办法》对商品房预售资金的归集、监管、使用等作了明确的规定，有效保护了建筑业企业的利益。但是对于 2022 年 7 月 1 日前取得预售证的项目，特别是 2020 以来的开发项目，这些项目即将竣工，竣工交付后 20% 的监管资金全部释放，涉及资金庞大，工程项目竣工交付后结束托管，开发企业自主支配资金。有些开发企业资金已经出现困难，陆续显现工程款项支付困难、进度款支付拖欠等现象，部分开发项目公司出现破产苗头，如果没有切实有效的监管措施，建筑企业的工程款收取将难以得到保障。

3. 常州市的工程项目竣工备案后支付比例一般在 75%～85%，在工程审计结束后支付至审计价的 85%～97%。但建设单位以各种理由和原因拖延审计，这是建筑行业普遍现象。据统计项目审计时间大部分在一年左右，部分项目审计在一年以上，个别项目甚至两年还未审计结束。工程质量保证金回收时间较长，部分项目擅自违规将质量保修金由 3% 提高 5%，建筑施工企业很难以银行保函替代工程质量保修金，工程尾款收取是多年来困扰建筑业企业的突出问题。

4. 常州市的工程质量管理水平一直处在全省前列，但是企业创建国家级优质工程的“鲁班奖”“国优奖”“詹天佑奖”积极性不高，与全省其他城市相比，我市企业和项目获得国家级质量奖项数量偏少，其主要原因是项目创建投入较大，建设单位优质优价落实不到位，缺少政策性奖励措施。

5. 由于缺乏市级层面建立统一市场政策，部分辖市区甚至街道要求建筑业企业在当地设立子公司、分公司，增加了企业的负担，出现市内区域内卷现象。

6. 工程建设组织模式改革推进力度不大，常州市政府性投资项目推行工程总承包及全过程咨询力度还需加大，由于缺少相应工程业绩，我市建筑业企业走出去参与外地工程总承包和全过程咨询业务。

（六）政策扶持不足

建筑业关联度高，对相关行业的带动性强，占用土地、能源等资源相对较少，能吸纳大批农村富余劳动力，推动城乡经济发展。但是常州市与其他城市相比在对建筑业政策扶持上也略显不足，最近两年我省的苏州市、无锡市、南京市、扬州市、泰州市等城市以及省外的重庆市、浙江杭州市、山东济南市、四川宜宾市、福建厦门市都相继出台了推动建筑行业高质量发展的意见或者若干规定，这些城市主要是从推进建筑业产业结构调整、推进建筑业科技创新和技术进步、支持企业“走出去”发展、探索劳务用工体制改革、规范建筑市场行为、优化市场环境、提高工程安全质量管理水平、推动新型建造方式、基础设施建设本地企业参与度、推行工程建设管理方式改革等方面推动建筑业高质量发展，并明确规定了企业资质升级、税收收入、工程质量奖项、高新技术、职工教育、市外产值、外地企业总部迁入等方面予以财政奖励、税收优惠、金融支持等激励政策，并规定了市重大基础设施本地企业参与度、政府性投资项目的工程管理模式、新型建造方式以及辖区内统一市场等一些政策性规定。除溧阳市外，我市尚未出台相关扶持或推动促进我市建筑业高质量发展的相关系统性政策。

三、推进建筑业高质量发展的建议

（一）推动建筑业企业不断发展壮大

一是优化我市建筑产业结构。积极扶持企业申报高等级资质，努力增加我市施工综合资质和甲级资质企业数量。鼓励中小型企业走专业化、精细化发展道路，培育一批经营特色鲜明、科技含量较高、市场前景广阔的专业企业。支持我市企业通过兼收并购、向上下游拓展和多元化经营等方式，不断提升核心竞争力，打造品牌效应。二是鼓励企业做优做强。支持我市建筑业企业积极参与城市基础设施、城市更新专项行动等重大项目建设。每年市、区各建设平台和重大投资项目中应明确一定数量或比例的项目鼓励信用好、实力强的骨干企业独立或以“联合体”方式参与竞标。三是发展地方特色企业。充分发挥我市在工业安装、幕墙、医疗卫生、环保等专业承包方面优势，扶持重点行业企业走在国内和业内前列，彰显常州地方特色。制定完善相关配套政策，为地方特色企业成长提供制度保障和发展空间。

（二）优化建筑业市场环境

一是努力为建筑业发展营造良好的营商环境，清理现有区域性规定，建议取消要求在辖市区设立子公司、分公司等对建筑业民营企业设置限制性、附加性和歧视性的规定。二是探索工程招投标制度改革。强化信用评价结果在招投标中的应用，建议在条件成熟时对勘察、设计、监理、工程总承包、大型或技术复杂的施工等项目招标中应实行“评定分离”方式。三是规范工程价款支付履约行为。根据工程品质标准，建立优质优价制度，把按质论价费作为不可竞争费用列入工程造价。强化施工合同履约和价款支付监管，引导发承包双方严格按照合同约定开展工程款支付和结算，严格执行建设工程价款结算办法中规定的竣工结算完成时间并在合同中约定，超出规定期限的，按合同约定从超出之日起计付银行同期贷款利息，并将工程结算与竣工备案和不动产登记相联动。

（三）推进行业整体转型升级

一是推动智能建造和建筑工业化。在建造全过程加大推广智慧工地、BIM 等新技术的集成与创新应用，推动建筑产业向智能化和数字化升级。稳步推进装配式建造方式，扩大我市装配式建筑实施范围，不断提高新开工装配式建筑面积比例。支持我市政府性投资工程优先采用 BIM、装配式建造方式和成品化装修技术。二是积极探索绿色建造方式。积极利用我市住建局“绿色建造”试点城市的契机，严格按照常州市绿色建造试点工作实施方案推进绿色建造，推动政府投资项目率先示范试点，在试点经验基础上，建立管理、策划、设计、施工、交付等各阶段评价项目绿色建造水平的方法，条件成熟时在全市推广应用绿色建造方式。建立市级绿色建造发展专项资金作用，重点支持我市建筑节能、绿色建造，以及推进建筑产业现代化技术和绿色建材产品普及应用等，推动我市建筑业低碳、高效发展。三是拓展业务领域。推动建筑企业抓住产业链关键环向上下游延伸，向房地产开发、物业管理、建材生产经营等领域渗透，实现由单一经营向多元化经营转变。

（四）完善工程建设组织方式

一是推行工程总承包。加快推行工程总承包模式，鼓励综合实力强的大型设计、施工总承包企业通过兼并重组、增加资质、组成联合体等多种方式开展工程总承包业务。鼓励我市企业积极与央企合作共同开展工程总承包业务。政府投资项目应率先采用工程总承包模式，建立完善适应工程总承包的招投标、工程计价和工程管理配套制度。二是培育全过程工程咨询。推动我市投资咨询、工程设计、监理、招标代理、造价咨询等企业采取联合经营、并购重组等方式发展全过程工程咨询。支持政府投资项目推行全过程咨询。在民用建筑项目中，充分发挥建筑师的主导作用，鼓励提供全过程工程咨询服务和实行建筑师负责制。

（五）加快建筑业企业“走出去”，加大金融支持力度

鼓励企业紧跟国家发展战略，采取联合大型国有企业或与项目所在地企业通过股份合作、项目合作、组建联合体等方式积极“走出去”。推动银企合作，拓展建筑业企业融资渠道，相关金融机构应对建筑业企业采取差别化授信政策，对行业中经营状况好、信誉佳的企业可通过开展施工合同融资贷款、应收账款融资贷款等业务给予信贷支持，加大对建筑业“走出去”的金融支持。

（六）鼓励企业开展人才培训培养，推进建筑工人职业化转型

一是改革建筑用工制度，推进建筑劳务企业转型为专业化作业企业，推行工匠培训制度。开展职业技能等级评价及建筑产业工人技能提升培训，将我市外来务工人员纳入职业培训补贴或参保职工技能提升补贴范

畴。建筑工人职业技能培训情况纳入建筑信用体系考核，涉及质量安全的岗位严格执行先培训后上岗。二是将职工教育经费支出不超过工资薪金总额一定比例的部分，准予在计算企业所得税应纳税所得额时扣除，超过部分准予在以后纳税年度结转时扣除。

（七）推行工程担保和保险制度

建立以银行保函或保证保险为主的工程款支付担保、承包履约担保、建筑工人工资担保制度。推行工程履约“双担保”制度，施工单位提交履约担保的，建设单位应同时提交工程款支付担保。建立健全制度，加大推行工程质量保修金担保力度，在商品住宅领域探索实施工程质量保险。强化对监管资金的使用，特别是对已经发放预销售证项目监管资金的使用和流向进行重点监管。

（八）建立全市统一市场，推动建筑业高质量发展

建议市政府出台推动我市建筑业高质量发展的纲领性政策，统筹协调辖市区、各部门，明确职责和任务，取消地区限制规定，建立全市统一市场。进一步推进建筑业产业结构调整、提高建筑业企业科技创新和技术进步动力、支持企业“走出去”发展、改革劳务用工体制、规范建筑市场行为、优化市场环境、提高工程安全质量管理水平、推动新型建造方式、工程建设管理方式改革等方面，全力推动我市建筑业高质量发展。在企业资质升级、税收收入、工程质量奖项、高新技术、职工教育、市外产值、外地企业总部迁入等方面予以财政奖励、税收优惠、金融支持等激励政策。

朱俊毅　常州市建筑行业协会秘书长

“清退令”之后建筑业用工管理模式优化策略分析

——以江苏省建筑工程集团有限公司为例

蒋　宁　李玉萍　李跃清　吴　锦

当前我国建筑产业工人队伍存在用工荒、无序流动性大、老龄化现象突出、技能素质低、权益保障不到位等问题，制约着建筑业持续健康发展，产业工人队伍建设亟待加强。如何解决建筑企业用工系列问题，是“十四五”期间一项非常重要的工作。

面对“清退令”，江苏省建筑工程集团有限公司（简称“江苏省建”）结合“大力布局现代建筑产业基地、推行绿色智能装配式建造方式”对建筑施工过程进行转型升级，全面建设智慧工地，强化数字化、信息化建设，提升工地的施工效率、降低人力管理成本，改革劳务用工制度，逐步解决超龄农民工问题。

“清退令”背景下装配式建造系统研究有两方面的意义：对于超龄员工来说，有利于避免工伤危险，科学化的管理模式也使其个人利益得到了保障；对于江苏省建为代表的建筑企业来说，智能建造提高了管理效率，降低了人力管理成本，减少了劳资纠纷。

一、实施背景：“清退令”之后建筑企业应对难点分析

（一）劳动力短缺“招工难”，倒逼建筑企业转型升级

目前我国建筑业发展水平还不高，仍属于劳动密集型行业。大量农村转移劳动力参与到城市建设中，农民工在建筑业一线作业人员中数量占到95% 以上。随着我国城镇化建设持续推进，人口增长率下降和人口老龄化现象日益严重，从而导致建筑业劳动力供需矛盾日益明显。

《2021年农民工监测调查报告》显示，我国农民工总数达2.92亿人，平均年龄41.7岁，50岁以上农民工所占比例为27.3%，且连续多年呈递增趋势。在一定程度上，超龄农民工可以弥补底层工作岗位的用工不足。在传统建筑行业，以“高龄农民工”应对“民工荒”已然成为事实，高龄农民工就业是一种常态。因此，能否合理开发利用该人力资源，对经济发展和社会稳定将起着重大影响。“清退令”之后，高龄农民工的缺失，进一步突显建筑业人力资源问题。

此外，传统建筑业存在工程施工质量参差不齐、材料浪费严重、能源消耗高、施工效率低、工人老龄化、人员技术水平低、用工成本高等一系列问题。随着社会经济和人们生活水平的飞速发展，这种粗放式建造和管理方式已不能适应时代需求。近年，国家提出大力发展以“装配式建筑”为代表的建筑工业化，推动智能建造与建筑工业化协同发展，国务院办公厅《关于大力发展装配式建筑的指导意见》指出，“发展装配式建筑是建造方式的重大变革，是推进供给侧结构性改革和新型城镇化发展的重要举措。”这些都倒逼建筑企业转型升级，整个建筑业需要跨越式发展，提升行业建造水平和建筑工程品质。

（二）法律灰色地带，超龄员工带来纠纷事件多

从城市化发展来看，农民工是我国城乡二元制结构的特殊产物，他们大多因为经济原因背井离乡进入陌生的城市，城市化快速发展为他们提供了就业机会和经济收入。在50岁以上的农民工中，按照我国现行退休年龄男60岁、女工人50岁、女干部55岁的规定，其中有一部分就属于超过退休年龄的超龄农民工，有不少超龄农民工的状态是“工作时只够糊口、老来时无保障”。当前，我国的社会保障水平还处于较低水平，这些超龄农民工“以工养己”，用他们勤劳的双手通过工作来养活自己，因此如何保障超龄农民工的权利就显得特别重要。

目前，社保缴费多实行养老、医疗、工伤等捆绑式缴费，对于超龄农民工即使用人单位想要主动缴费，社保部门也可能拒绝办理，一旦发生工

伤事故，社会保障的矛盾即推给用人单位，由用人单位承担工伤待遇支付义务，把本应由国家承担的社会保障义务转化为用人单位承担，加重了用工单位的负担，同时也让超龄农民工的权益保障受到制约。

二、江苏省建用工管理模式优化策略

（一）强化绿色智能建造，促进企业转型升级

对于建筑企业来说，转型发展是解决“用工难”“用工荒”的根本办法。传统的建筑业对人、财、物等生产要素的依赖程度较高，这也决定了建筑业受其制约的程度较高。“清退令”之后，建筑企业需强化转型升级，推广绿色智能建造，走上科技创新的必由之路。

目前，自动化和智能化技术在全球范围内蓬勃发展，但在装配式建筑智能建造领域却应用不深，采用的施工机械和现浇结构相差不大，无从体现其优势。构件吊装设备自动化和智能化程度低，精度差；灌浆设备由人工操作完成，过程质量不可保证；临时支撑调整困难，精度不高；大量工作仍依靠人工完成，还未形成标准化体系效率低，导致装配式建筑施工周期长，成本高和市场接受程度较差。因此，装配式智能建造技术已经成为制约我国装配式建筑发展的关键因素。

江苏省建是绿色智慧建筑发展的倡导者、先行者，与东南大学成立了“建筑产业现代化研究院”，致力于绿色、智能化和装配式的研究，取得了较好的成果。加快构建以“国内大循环为主体、国内国际双循环相互促进”的新发展格局，是建筑企业从传统向现代转型升级的重要战略机遇。基于这一形势，当前江苏省建紧紧围绕“建筑工业化、自动化、智能化领跑者和EPC服务优势供应商”的发展定位，多方整合资源，创新发展模式，争做行业领先企业。目前，江苏省建正在加快智能建造基地建设，加强技术创新和产品研发，目前是江苏省最大的装配式建筑生产企业之一，在南京、苏州等地运行和在建的工厂有10家，技术在全国也位居前列，并根据装配式建筑产业特点，在行业内独创了“产品＋服务”的先进服务模式，

在服务市场拿订单，服务工厂提效率，服务现场创品牌。

江苏省建结合“大力布局现代建筑产业基地、推行绿色智能建造方式”对建筑施工过程进行转型升级，有利于提升工地的施工效率、降低人力管理成本，逐步解决超龄农民工问题。

（二）强化装配核心技术攻关，推进高素质应用型人才培养

装配式建筑是传统建筑基础上的转型升级，因此对从业人员的知识、能力、素质也提出了全新要求。产业化专业人才队伍的建设是建筑产业化的基石和保障，但目前这类人才稀缺，尤其是装配式建筑技术技能人才，企业自主培养这类人才的动力严重不足，现阶段预制装配式建筑施工技术人员匮乏。

基于此，江苏省建在多年装配式建筑校企合作及科研基础上，2016 年与东南大学合作开设建筑工程技术（装配化施工方向）培训班，积极探索开展装配式建筑职业教育人才培养机制改革。在装配式人才培养方面，江苏省建工程条线以“智能＋”为新形态，紧跟专业学习需求，信息技术手段贯穿课程教学，开展“智能＋”企业教学模式改革。以“AUTOCAD”“REVIT”“ZDPC”等软件为媒介，推动“建筑 CAD”BIM 应用技术，装配式建筑深化设计培养体系，将信息技术贯穿装配式建筑的设计、建模、识图等关键技术教学全过程，构建装配式建筑理论教学新形态。依托东南大学建筑产业现代化实训基地，在施工技术关键节点以二维码识别施工流程和工艺，通过现代信息技术 VR、虚拟仿真技术手段，再现施工现场职业环境、岗位技能，实现实操引领，建构装配式建筑实训教学新形态。

江苏省建积极推动传统建筑工人向装配式工厂化生产工人转变。一方面，加强建筑产业工人装配化施工、机械化操作方面的技能培训，优化生产线，实行信息化管理控制工作流程，把更多人工转移到管理、操作、控制、调度岗位中。另一方面，加强建筑工人“互联网＋”信息化和智能化技能提升，使其能够借助“互联网＋”技术实现建筑现场绿色和“四节一

环保”等指标的总结传递和大数据分析。

（三）强化全面“智慧工地”建设，科技保障用工安全

作为劳动密集型产业之一，建筑行业在建设期间需要用到大量的施工人员，而除了一些管理层的人员以外，从事基础施工的大多为农村务工人员，这部分人员由于缺乏专业的培训，在工作期间安全施工意识和自我保护意识不强，操作不够规范，再加上施工企业对安全管理工作不够重视，施工现场条件千变万化、危险因素众多等，导致了一系列安全隐患，在对施工企业造成严重经济损失的同时还危及施工人员的生命安全。

通过智慧工地管理系统的全面推广，利用互联网及云计算等先进信息化技术手段，实现施工现场实时掌控，通过可视化监控系统，实时掌握工地施工状态，助力项目现场的人员管理、工地安全监管、施工质量监管等，有效提升了工地现场管理效率，减少事故发生率，实现对工地、人员、质量、安全等全面监控系统，极大保障了用工安全管理。

（四）强化数字化、信息化建设，优化现场作业人员管理

为将江苏省建打造成为具有显著竞争优势的现代化综合型建筑企业，江苏省建运用数字技术助力企业数字化转型，通过加强数字赋能，构建统一、开放的企业级数字化平台和管理体系，实现企业业务的数字化；通过管理、服务的在线与共享、业务的在线协同与连接，为企业运营管理提供技术支撑，实现信息互通与数据共享，进而提高企业实时决策水平与准确性。同时以数字技术和数字化平台为支撑，进一步提升企业的核心竞争力。江苏省建正在打造的企业级信息化管控平台建设项目，旨在借助国内顶尖软件供应商优势，为江苏省建搭建统一的管理门户，实现各信息化系统的“单点一键登录”，平台集招采、成本、合同、财税、项目管理、智慧工地等于一体，是企业级大数据分析、决策的平台，再辅以手机APP的轻量化应用，能实现工程项目全生命周期动态管理，充分满足企业管理“一网通办、一网统管”要求。

（五）强化施工安全管理，改革建筑劳务用工制度

随着我国人口老龄化的加剧，一味禁止用工并不能长久地解决问题。江苏省建从安全管理、培训教育、体检制度、作业任务分配、提高生产机械化五个方面来完善劳务务工保障制度：**一是加强施工安全管理。**将安全管理制度以及措施落到实处，安全管理责任制及安全措施是施工安全生产的前提，强调企业安全生产责任制及安全生产措施，避免施工安全管理上的缺陷。**二是加强超龄农民工的教育培训及考核。**提高超龄作业人员的安全意识，普及安全生产知识，减少超龄施工作业人员违规操作等不安全行为，积极采取阶段性考核制度，保证安全教育培训的效果。**三是实行农民工用工体检制度。**入场工人尤其是超龄农民工全部参加，提交体检报告，体检合格的工人方可参与施工。**四是合理分配施工作业任务。**针对超龄作业人员作业特点分配适合其从事的作业任务，避免分配超龄作业人员从事诸如起重吊装、脚手架搭设等危险性较大的作业任务。**五是提高建筑施工生产机械化程度，减少人工作业。**大力推广与使用装配式建筑等新型建筑模式，实现建筑施工工业化生产。

三、实施效果

江苏省建结合“大力布局现代建筑产业基地、推行绿色智能建造方式”对建筑施工过程进行转型升级，有利于提升工地的施工效率、降低人力管理成本，逐步解决超龄农民工问题。以下将从管理水平、经济效益、社会效益、生态效益四个方面具体分析其实施效果。

（一）管理水平

江苏省建在装配式建筑的工程项目管理模式上提出“EPC 五位一体并行＋BIM”模式。通过对传统设计、采购、建设生产模式的分析，提出装配式建筑改进管理模式，即采用 EPC 五位一体建设模式，并运用并

行思想理论及 BIM 精细化管理理论开展项目管理，可实现装配式建筑建造高度组织化、系统化、精益化，进一步控制施工进度和成本，最大化发挥装配式工程管理模式的优势。与传统的工地施工方式相比，江苏省建装配式智能建造基地在设计效率、构件生产、信息化管理等方面都有显著优化。

1. 大幅提高设计效率。江苏省建装配式建筑的构件种类繁多，如果以现浇结构的设计方式作为参考，先整体后局部分析将会导致预制构件的工厂生产变得十分繁琐。因此，江苏省建在装配式结构设计时引入 BIM 技术，事先将标准通用的构件整合形成构件库，可以减少设计过程中的构件设计。同时，构件库是设计单位和生产单位共有的，可以确保设计单位设计出来的构件能被工厂生产出来，避免了返工带来的人工成本和时间成本，也保证了工程项目所需构件的及时供应，大大提高了工程建设的效率。此外，通过 BIM 技术的结构碰撞检查功能能够精确地进行错误查找，有助于设计人员及时调整和优化设计中存在的问题。此外，利用 BIM 软件的出图功能，完成三维设计之后能够自动生成含有大量技术标注的施工图，降低了设计人员施工图的绘制难度。

2. 改变构件的生产。对于现阶段预制构件的生产来说，大多数工厂依然采用“人海战术”进行作业，并没有改变建筑业原有的粗放生产方式。江苏省建绿色智能智造方式，能够形成贴合预制构件特点的信息化生产模式，在保证构件生产质量的基础上极大提高效率。这种新型构件生产的价值主要体现在以下几点：（1）采用三维模型对加工制作图纸交底；（2）利用 BIM 模型精确算量，方便原材料的统计和采购；（3）工序工艺模拟及优化，保证安全准确；（4）结合 RFID 技术，对构件生产信息化管理。

3. 实现装配现场的信息化管理。江苏省建将科技应用于装配式建筑现场施工，为施工过程的信息提取、更新和修改提供了平台，改善了传统施工中存在的各部门沟通不到位、信息传递不通畅等问题，确保了装配式施工项目的工期、质量和成本三大目标。在构件运输和现场装配过程中，依托BIM技术、物联网技术、RFID等信息技术，可以实时调取装配式建筑的设计、运输、生产等信息，进而实现建筑产品的动态调整。调整传统管理上的“蚂蚁”视角，采用可视化的“老鹰”视角重新审视流程建设。

（二）经济效益

装配式建筑生产的标准化程度更高，产业链更加完整，整合和利用社会资源效率更高。预制装配构件的工厂化、批量化生产可以提高工人操作的熟练程度，进而提高生产效率、降低产业工人劳动强度、解放一部分劳动力资源，可以帮助建筑企业缓解用工难的问题。

1. 实施阶段时间成本分析：节省工期，降低成本。由于江苏省建装配式建筑构件在工厂集中生产制作，因此受天气影响较小，可以做到与施工现场其他工序同步进行，从而提高施工效率，而施工效率的提高可以节省工期，从而降低开发成本。通过对相关资料的统计及测算，项目开发周期每缩短1个月，项目净利润将可以提高0.7%～1%。

2. 使用阶段时间成本分析：节约使用成本，消费者使用价值提升。装配式建筑在使用阶段的成本会明显低于现浇混凝土建筑，从建筑的全生命周期来看，装配式建筑的成本也低于现浇混凝土建筑。虽然装配式建筑在使用阶段的成本节约不会对房地产开发企业产生明显的直接收益，但由于消费者看重的是产品的使用价值，装配式建筑使用阶段成本的降低将会给消费者带来直接收益，使消费者更加青睐装配式建筑产品，从而提高装配式建筑价值。使用价值高将直接影响建筑产品的售价，从而对房地产企业的经济效益产生积极影响。

针对当前装配式建筑发展而言，装配式技术能够有效地提高建筑施工的整体效率，并加快施工进程，提高企业的经济效益。此外，使用装配式等技术能够有效节约人力资源，更好地提升实际建设施工效果，同时也能够解决当前存在的各种安全问题，保证施工过程中的安全，多方面促进经济效益的全面提高。

（三）社会效益

1. 保障农民工权益，解决就业难。江苏省建装配式建筑的现场施工不同于传统现浇建筑，现场工人只需把预制好的构件按图进行组装和安装，而不仅仅是从前的钢筋绑扎和混凝土浇筑。也就是说装配式建筑需要更多的是组装工人，一方面增加了技术工种，另一方面降低了操作难度，这都从不同程度上促进了就业。面对地广人多的基本国情和日益增长的人口数量，解决人口就业问题是我国亟待解决的比别国更为突出的民生问题。通过大力发展装配式工厂，创造更多的就业机会，增加人口就业率，这有助于国民经济的健康发展。

2. 降低人工劳动强度，提高社会生产率。装配式工业化生产是在现场拼接的，施工是机械吊装的，这极大地使工人劳动强度降低，大大提高工人劳动生产率，减轻劳动强度，与传统施工方式相比工期缩短近 50%，节约人工 20%～30%。装配式构件能够省去很多传统建筑需要的施工工序，例如抹砂浆、保温层、外装修和墙体开槽等工序。这极大地节约人工，使得工人劳动强度降低，缩短了工期，提高了生产效率。

（四）生态效益

1. 节约资源，避免资源能源过度消耗。装配式混凝土建筑在砂浆、保温板、模板消耗方面与现浇混凝土建筑相比较有明显优势，而在钢材、混凝土等主材消耗量上两种建筑体系消耗量基本持平。从能源消耗和固体废弃物产生方面来讲，装配式混凝土建筑较现浇混凝土建筑来讲优势更加明显。

2. 保护环境，大幅减少碳排放。传统的现浇施工方式对施工现场以及周边环境都会造成很大的影响，以往的建筑工程在施工时一般都是固定的，施工现场中无论是随便堆放的建筑材料还是施工的各种噪声，都会对城市周边的居民小区产生影响。但是装配式建筑却能实现对建筑施工主要环节地点的转移，通过在工厂就已完成的建筑构件实现更加环保的建筑工程施工。同时，流水化生产的装配式建筑还有效实现了集中处理建筑施工中的垃圾，减少了城市环境的污染。

在碳排放量方面，装配式混凝土建筑优势更加明晰，碳排放大幅减少，符合当前我国建筑业绿色低碳发展和可持续发展的趋势。2022年3月，住房和城乡建设部正式发布《"十四五"建筑节能与绿色建筑发展规划》，其中要求到2025年，城镇新建建筑全面建成绿色建筑，装配式建筑占当年城镇新建建筑的比例达到30%。未来，我国装配式建筑将持续快速发展，趋于成为建筑领域的主流模式，助力建筑领域实现"碳达峰、碳中和"目标。

蒋　宁　江苏省建筑工程集团有限公司集团总裁
李玉萍　办公室主任
李跃清　办公室副主任
吴　锦　办公室宣职员

2021 年南京市装配式建筑制造行业调研报告

宋海龙　诸国政

一、南京市装配式建筑发展现状及特点

南京市是江苏省内推广装配式建筑（图 1）最早、力度最大的城市，作为江苏省入围全国首批装配式建筑示范城市名单唯一的设区市，在江苏省 13 个地级市中连续多年名列前茅。

图 1　装配式建筑构件生产和安装

总体来看，南京市在发展装配式建筑方面有如下特点：

（一）配套政策较系统全面

2015 年 12 月，南京市人民政府印发《市政府关于加快推进建筑产业现代化促进建筑产业转型升级的实施意见》，提出到 2020 年年底，建筑产业现代化方式施工的建筑面积占同期新开工建筑面积的比例、新建建筑装配化率均达到 30% 以上；2017 年 8 月，南京市出台《南京市关于进一步

推进装配式建筑发展的实施意见》，将南京市装配式建筑推进区域分为“重点”“积极”和“鼓励”3个层次，明确了南京市装配式建筑各年的应用比例，规定了装配式建筑项目的具体控制指标，同时给予了面积奖励、预售许可证提前办理等政策支持，并明确提出重点推进区域出让土地要100%采用装配式建筑；2019年，南京市规划和自然资源局发布了《关于进一步明确装配式建筑奖励政策执行要求的通知》，对装配式建筑的控制指标、奖励政策等内容作了进一步补充说明。同时，南京市城乡建设委员会还出台了《南京市装配式建筑工程质量安全管理办法（试行）》《南京市装配式建筑工程质量安全管理办法（试行）》等文件，进一步明确了装配式建筑建设、设计、施工、监理及部品生产企业的责任及监督管理等要求。行政审批、奖励引导、资金补助、产业扶持等方面的一整套政策措施逐渐形成了“引”和“逼”相结合的机制，在探索的进程中打造出了一套可行的南京样本。2021年11月，南京市委市政府发布《南京市“十四五”城乡建设规划》，明确提出“加快推进建筑业转型升级和提质增效，以发展装配式建筑为引领，通过‘制造＋建造’紧密结合，积极推广以设计标准化、构件部品化、施工机械化、管理信息化为特征的工业化新型生产模式，加快培育现代建筑产业体系。”

（二）目标完成度较高

据有关数据统计，截至2021年11月，南京市新开工装配式建筑项目116个，装配式建筑面积约889.42万m^2，占同期新开工项目建筑面积的43.16%，完成目标任务的98.82%；新开工装配化装修商品住房面积达26.03万m^2，新开工成品住房面积达711.53万m^2；装配式建筑新开工占比由2017年的15.80%逐年提升至2021年的41.32%；至2022年8月，南京市已培育省级建筑产业现代化示范项目66项，相关指标和管理水平均走在全省前列；按照推进建筑业高质量发展的总体要求，南京提出了到2025年末全市新开工装配式建筑项目总面积占新建建筑面积的比例达60%的目标。

（三）信息技术运用较及时

2019 年起，南京市明确在装配式建筑、大型公共建筑等工程中试点推广 BIM 技术，并率先在全省开展 BIM 技术应用示范基地和示范项目的创建和培育工作，引导装配式建筑主动采用 BIM 技术。目前，南京市基于 BIM 技术的“装配式建筑信息服务与监管平台”（图 2）已投入使用，可实现设计、施工、生产全过程信息交换，实现全产业链信息互通、信息共享、全过程轨迹跟踪以及全方位质量监管。

图 2　南京市“装配式建筑信息服务与监管平台”

二、装配式建筑构件生产企业的行业现状与困境

据有关数据统计，截至 2022 年 6 月，南京市已建成投产预制混凝土构件、新型墙体等生产企业 23 家，并吸引周边地区 63 家生产企业为南京装配式工程项目提供产品，年设计产能约 300 万 m^2。2021 年 9 月，南京建筑业协会建筑产业现代化促进工作委员会牵头成立专题调研组对装配式建筑构件生产企业开展走访调研，调研组走访调研了六合区、江北新区、江宁区、高淳区、溧水区共计 11 家构件生产企业，将企业反馈的行业现

状和困境归纳如下：

（一）行业内问题

1. 市场压力大

外省、市周边地区构件生产企业大量涌入南京市场，而外地企业一般有南京本地企业不具有的资源优势，以低价形式冲击南京市场，已使目前南京市 PC 市场价跌至长三角地区最低，并且外省、市政府监管部门采取地方限制，南京企业较难进入外地市场，造成不对等竞争。另外受国际形势影响，原材料钢材、水泥等价格上涨（比如主要材料水泥由 400 多元 /t 上涨至 600 多元 /t，接近 700 元 /t，上涨幅度 50% 以上），成本大幅增加，再加上“买方市场”原因，与甲方单位签订的合同，条件苛刻，预收款难度大，付款方式差，甚至到付款节点也不付款。以上原因使企业的运营压力大。

2. 成本高

目前装配式构件存在过度设计、配筋率高、成本高的现状；设计时为完成指标而凑装配率，构件设计小、复杂，造成生产、安装困难等问题。例如，A 公司某项目 4 号楼编号为 YTQ3b 墙板，尺寸 780mm×600mm×200mm，方量才 0.0936m^3，钢筋重量达 7.38kg，钢含量 78.89kg/m^3。其中预埋件：M20×150 螺纹套筒 6 个，M14×80 螺纹套筒 4 个，波纹管 0.52m；墙板有造型及企口。设计构件尺寸如此之小，存在凑装配率、过度设计、配筋率高的问题，造成了生产制作成本提高，加大了构件生产和安装的难度。现场安装模式基于原现浇方式，工序措施更复杂，材料用量不减反增，现场成本增加、进度慢；例如现在的叠合板安装，现场满铺模板，底部支撑采用满堂脚手架支撑，不仅费工费力，成本还大幅提升。以上行为造成目前无法体现装配式的产业优势，从而使相关单位的推进意愿降低。

3. 标准化程度低

产品标准化程度低，基本为高度定制产品，通用性差，产品设计复杂，工艺繁琐，产能、人效较低，无法形成规模生产，工业化生产优势无法体现。构件生产企业对图纸深化自主性差，参与程度弱势，出图变更量多，降低了效率，提高了质量隐患风险、增加了成本。以B公司为例，在承接的装配式项目中，90%落地项目供货合同签订以前深化图纸已经出具，拆分与深化并未考虑生产时的难度，如叠合板拆分过小，影响工效；异形构件设计过于复杂，给开模与生产带来较大难度，预埋件过多导致工装复杂；盲目相信灌浆套筒的作用，无论什么墙板均采用灌浆套筒连接，增加造价；传统设计方设计人员新转行较多，图纸沟通时难度较大，图纸变更多，一个项目变更接近20个；大部分项目都为装修后交付，但装修图纸晚于深化设计图纸出图，往往装修图纸出图后，深化图纸需进行新一轮的修改。

4. 实际PC（预制装配）率低

项目预制装配率低，大部分项目仅是叠合板和少量楼梯；企业产能空余，不能充分释放。例如C公司投产已经有4年时间，先后承建了30多个项目，主要供应区域为南京市范围，其中大部分项目仅有部分楼层使用叠合板，如某A项目结构8层，使用楼层仅为7～8层；某B项目结构20层，使用楼层仅为14～20层；某C项目结构8层，使用楼层仅为4～8层。

5. 装配式人才队伍培育不足

构件专业人才较少，系统人才更是紧缺，不利于行业发展。大部分工厂在图纸拆分设计方面没有专业基础经验丰富的负责人，在实际工程项目对接设计院、开发商、施工单位过程中存在一定的劣势，尤其是涉及建筑结构、水、电、生产、施工、装修等专业，成熟的工厂专业负责人首先是核定图纸是否符合工厂工艺与施工要求，其次是想办法降低生产成本，但不具备这些能力则会造成图纸重复修改、变更等问题，成本增加。同时目前装配式劳务队伍大部分都没有经过专业的技能培训，基本都是由传统作业人员转型而来，对装配式建筑概念模糊不清，对装配式施工工艺知之甚少，仅凭传统的项目经验施工，管理难度大；产能无法满足，利润降低，从而无法留住人才、无法保证人员队伍的稳定。

（二）监管问题

1. 质量管控、检测要求不规范

项目构件检测过于频繁，存在重复检验等，检测费用高。例如 D 公司承接项目中要求：各项目对使用的原材料需要单独项目对应的第三方检测、生产出来的构件也要分别做第三方检测，企业要面对多个项目的分别重复检测，导致成本提高；部分项目分段验收频繁，重复验收，项目构件强度和钢筋保护层检测前期已经抽检，但分段验收时又分楼栋及楼层进行现场检测，导致一个项目的构件强度和钢筋保护层检测次数最多达到 10 次。

2. 报验资料不统一

资料报验繁琐，各项目因各区、监管单位、监管人的要求和认识不同，对报验资料的要求、标准不一致。例如 E 公司承接的项目中，同一区域项目，因监理单位的监理要求不一样，资料报验样式和填报也不一样，需增加资料员配合完成；部分项目总包单位对资料采取外包制，待构件单位与总包签订合同后，存在以包代管现象，认为项目全过程 PC 资料全部由构件厂提供，造成构件单位的管理成本增加。

3. 在线监管有待提高

目前南京市构件生产企业大部分按要求配备实验室全套设备和试验人员，基本能满足企业生产对原材料质量检测、试验的能力。但现在的试验、检测基本依赖第三方检测机构，企业试验检测报告不能作为验收依据，造成资源浪费，成本增加。原因是对企业实验室检测的数据无法确认真伪，缺少监管手段。上海市采用企业实验室与质监站联网，试验数据同步上传相应管理平台，企业实验室的检测、试验报告可以作为验收依据，做好了在线监管，大大提高了效率和降低了企业成本。

（三）其他问题

1. 材料要求不统一

各个甲方单位各有指定的原材料采购限制品牌，造成企业采购成本、管理成本增加。以某E公司与某总包单位签订的某中型PC构件项目为例，合同指定钢材为南钢、沙钢、马钢、宝钢、武钢、鞍钢；而其承接的另一项目，指定钢材为南钢、沙钢、马钢、永钢。一个构件厂一般承接多个项目，给管理带来很大难度。

2. 生产效率低

大部分企业的生产设备如混凝土搅拌站、起重设备（行车起重机、龙门架起重机）、钢筋弯箍焊接机等设计制造、自动化程度已经具备相当能力，但实际使用效率低，大部分生产操作要依靠人员手工作业完成，远没有达到设计之初的自动化效率。

三、相关对策及建议

（一）政府层面：制定规则，统一要求、推广技术导则等

1. 推行EPC，完善与新型建筑工业化相适应的精益化施工组织方式，推广设计、采购、生产、施工一体化模式，促进设计、生产、施工的深度融合。推行构件和部品部件生产标准化，在新开工装配式建筑项目中将标准化构件和部品部件的应用比例纳入预制装配率计算的评价，推广少规格、多组合设计方法，建立基于BIM技术的标准化部品部件库，逐步降低构件和部件生产成本。支持企业编制标准、加强技术创新，鼓励社会组织编制团体标准，促进关键技术和成套技术研究成果转化为标准规范。强化材料标准、部品部件标准、工程标准之间的衔接。推进修订装配式建筑工程定额等计价依据。逐步建立完善覆盖设计、生产、施工和使用维护全过程的装配式建筑标准规范体系。

2022年3月31日，南京市城乡建设委员会发布了《南京市装配式居住建筑预制构件标准化设计技术导则（试行）》（简称《导则》）并已于2022年5月1日实施。《导则》按照少规格、多组合设计方法，实现预制构件标准化和多样化的统一，是江苏省内首部具有通用性、规范性和可操作性的预制构件标准化设计技术导则，在全国也具有一定的引领性。

2. 加强信息化服务与监管平台建设与应用。进一步完善“南京市装配式建筑信息服务与监管平台”的各项功能，加快新型建筑工业化与高端制造业深度融合，搭建建筑产业互联网平台，引导构件、部品部件产能合理布局，加强市场信息监测，通过“平台”定期发布构件和部品部件产能供需情况，引导企业全方位、综合考虑产品价格因素，实现就近采购，提高产能利用率。

3. 规范、统一检测要求及验收资料标准。具体可参照南京市轨道站的做法，统一所有的检测要求及表格样式。目前，也可参考江苏省住房和城乡建设厅监制的《工程资料表（第六版修订版）》进行报验。

（二）行业协会：行业自律、星级评定、专家巡查

1. 支持行业协会对部品构件生产企业及其产品进行备案，通过《江苏省预制混凝土构件生产企业综合评价标准》的实施，进一步规范构件生产企业，对产品流向进行登记；组织开展行业自律管理，定期实施企业和产品抽查，加强构件生产过程的动态监管。

2. 建立构件生产企业诚信管理机制，采取激励和失信奖惩措施，公开预制构件生产厂诚信信息，实现社会监督，营造“一处失信、处处受制”的信用环境。

3. 完善应用教育培训体系，制定培训考核制度并监督实施，大力培育建筑工业化产业工人，通过人才培训基地培养具备相关职业技术的工人，为产业工人队伍建设提供保障。组织企业间交流学习、统一培训学习等方式，提高从业人员业务能力及水平。

（三）企业：加强科学管理，向智能建造方向发展

1. 根据地方政策及市场变化，做出经营策略调整。提高服务标准，不断改进创新。加强信息化、智能化运用，使企业由粗放型向集约型、效益型、科技型发展转变，提高劳动生产率和科技含量。加大产品研发创新力度，多元化发展（如市政构件、电力系统构件、园林构件产品等）。

2. 企业要自练内功，在投资定位和管理理念上转变。工厂的运营管理不仅是预制构件生产平台，更应是装配式全产业链综合管理及技术平台，分解资金压力，降低装配式建筑综合成本；工厂的运营管理要更注重细节，不能按照传统施工现场模式，必须从现代制造业模式和角度去考虑定位与管理，才能从根本上解决各项问题，具体到部品类型、产能及工艺、图纸拆分、人员配置、技术质量控制、成本等诸多方面细节。

3. 企业要建立稳定团队和长效的培养机制。企业需要专业的生产工人队伍，同时也需要培养自己的生产和管理团队，稳定的生产队伍是保障生产供应能力的关键之一。企业应做好自培，同时积极响应和支持协会组织的培训工作，只有经过全面、系统、专业的培训，才能从根本上提高产业工人的专业技能，才能确保输出的人才队伍与装配式发展相适应。同时要求企业具备一定的技术人才储备和成长环境，配备科研队伍，致力于新技术、新材料的研发推广，掌握前沿技术、提升核心竞争力，实现设计、研发、生产、应用一体化。

4. 企业与企业间要形成合力，加强交流合作，协助配套，抱团取暖，积极打造产业集群，推动产业规模化发展，推动全市建筑行业及相关产业的持续健康发展。

“雄关漫道真如铁，而今迈步从头越。”南京市作为首批全国装配式建筑示范城市，已经探索总结出了一批可复制、可推广的发展经验，提供了强有力的典型引领和产业支撑。下一步，南京市将更加注重智能建造与建筑工业化的融合协同发展，鼓励引导企业转型升级，推动我市建筑业高质量发展水平持续走在全省前列。

宋海龙　南京建筑业协会办公室主任

诸国政　新型建筑工业化专家库成员

迎着高质量发展潮头踏浪前行

——江苏润扬建设工程集团有限公司高质量发展调研报告

张仲林　张　青　曹国顺　薛　梅

时代决定使命，使命呼唤担当。江苏润扬建设工程集团有限公司（简称“润扬集团”）坚决贯彻落实新发展理念，全面融入国际国内双循环发展新格局，统筹推进疫情防控和经济发展，在高邮老牌建筑企业的基础上，积极探索、改革创新，迎着高质量发展潮头踏浪前行，以坚实的综合实力成功迈进高质量发展新阶段，全面开启现代化建设新征程。

一、举步维艰的改制历程

润扬集团的发展，是几代润扬人汗水与智慧的努力才换来的绽放，更是全体润扬人负重前行的见证。润扬集团大致经历了三个发展阶段：

一是初创时期的艰难起步。润扬集团初创于 1974 年，曾是一家应农村草盖瓦房而成立的乡镇建筑站，禁锢的生产力，零碎的木瓦工活，赚取的仅仅是功夫钱。20 世纪 80 年代，开始将经营触角延伸至南京，从乡间的田埂走向省城建筑市场寻求发展。然而，无人才、无资金、无设备、无信誉的状况，导致他们频频碰壁，业务少、利润薄的建筑站连年亏损，经营一度陷入困境。20 世纪 90 年代，面对出师不利的深刻教训，他们通过自身找原因、找差距，开始充实领导班子，对技术、质量、管理进行大胆改革和创新，靠着诚实能干、优质高效，在南京教育系统站稳了脚跟，成为名誉响彻古都金陵的“203 工程队”，成功实现扭亏为盈。

二是首次改制的勇毅前行。1999 年，沐浴着改革开放的春风，公司以搞活经营为突破口，对“责任制、承包制、租赁制、聘用制”等内部制度进行改革，充分调动经营者和生产者的积极性，成功改变了之前贫穷落后的面貌，让公司上下充满了生机和活力，年产值直接突破亿元大关，顺利成为驰骋南京建筑市场的一支劲旅。公司首次改制初见成效，并正式成立高邮市建华建筑安装有限公司。

三是民营经济的昂首阔步。2003 年，公司正式完成公退民进，同政府彻底脱钩，真正成为由自然人组成的民营企业。在继续坚持和发挥一贯优良传统的基础上，充分发挥民营企业机制灵活、凝聚力强、决策迅速等优势，制定和实施了现代化企业管理机制和工作举措，成功实现了从乡镇建筑站向现代化建筑企业的华丽蜕变，更名为江苏润扬建设工程有限公司，并于 2012 年发展壮大升级为企业集团。

如今，润扬集团已成长为一家以工程建设总承包等传统优势产业为主，集房屋建筑、市政工程、地基基础、水利水电、装饰装修、绿化景观、设备安装、消防设施、结构补强、装配式建筑等多业并举的综合性民营企业集团。集团注册资本 1.92 亿元，净资产 15.6 亿元，具有施工总承包一级资质，拥有高邮建华房地产开发、扬州润科置业、扬州鑫扬建设、高邮润扬建筑劳务、高邮润安设备租赁等多家子公司。施工业务遍及江苏、广东、浙江、云南、贵州、甘肃、安徽、山东、湖北、山西等地，年施工能力达 500 万 m^2，年施工产值超百亿元。屡次荣获“全国优秀施工企业”“全国重合同守信誉 AAA 企业”“江苏省建筑业综合实力百强企业”“江苏省民营百强企业”“扬州市建筑业先进企业”“扬州市建筑业综合实力 30 强企业”“高邮市建筑业综合实力十强企业”“高邮市建筑业纳税突出贡献企业”等称号。

二、高质量发展实践与成果

面对新时代新挑战新要求，润扬集团积极践行高质量发展战略，坚持“稳中求进”的工作总基调，砥砺奋进、攻坚克难，成功实现集团综合实力、经济效益与社会形象的稳步提升，助力集团在高质量发展的道路上行稳致远。

（一）从严落实强管理促提升

管理是企业永恒的主题。近年来，润扬集团以改革为契机，全面加强集团的内部管理，着重在经营管理、风险管理、财务管理及资质管理四个方面加大力度，不断提升了集团的管理水平和运营质态。

1. 加大经营管理力度。润扬集团实行集团公司、分公司和项目部三级管理模式，采取三年承包制和单项项目承包制，各分公司可以组建若干个项目部，通过实施项目股份制、合法分包、劳务等方式，直接与各分公司发生承包关系。同时，取消区域属地管理限制，鼓励各分公司跨区域经营，充分利用资源开拓新市场，形成共同经营、协同发展的良好局面。

2. 加大风险管理力度。润扬集团为进一步提高企业应对风险的意识，通过实行内部承包责任追究制和承包人“风险抵押、保证担保”制度，对以润扬集团名义从事生产经营活动的各分公司实行内部承包责任追究制度，承包人还需与集团公司签订承包合同，并按合同规定提供风险抵押、保证担保措施，自觉履行合同约定，做到“自主经营、独立核算、自负盈亏、风险自担”，确保集团长久稳健地发展。

3. 加大财务管理力度。润扬集团积极适应“营改增”税制改革，建立起三级管理、两级核算体系，在集团总部设立核算中心，按项目归集建账，不断加强项目成本精细核算，各分公司和项目部严格执行项目成本报账制，对取得的所有工程款必须汇到集团公司指定账户。同时，严格执行“三流合一”原则，各项目部必须在真实贸易背景下取得合法有效的增值税发票，达到有效降低项目承包人个人所得税和企业所得税税负的效果。

4. 加大资质管理力度。润扬集团根据发展需要，充分利用增项资质资源，将优质增项资质从母公司剥离出来，成立专项资质全资子公司，独立法人、专业经营。待时机成熟后，可将子公司 49% 即不低于 1000 万元股份转让给单独自然人，形成集团公司控股、法人持股、自主经营、自负盈亏、利润与公司共享的治理结构，使集团公司在这些领域得以做大做强，从而强化润扬集团的核心竞争力。

（二）直面挑战拓市场增效益

市场是企业发展的龙头。当下建筑业竞争激烈已成为常态，润扬集团立足自身谋出路，面向市场想思路，以“千方百计拓市场，多措并举增效益”的灵活经营策略应对市场的风云变幻，实现了经营效益的显著提升。

1. 加大市场布局。在充分发挥相关人脉资源及主体市场的优势下，润扬集团立足江苏，放眼全国，积极拓展外埠市场、布局目标市场，陆续开辟了浙江、重庆、山东、山西、内蒙古、湖北、贵州、云南等新的区域市场，近年来累计承建的10万m^2以上项目达12个，30层以上项目达32个，超5亿元以上的项目达5个，展现出润扬集团开拓进取、勇于攻坚的强大魄力。

2. 扩大业务范围。润扬集团在持续稳定做好房建主业的同时，突破传统思维，紧抓国家建设契机，充分发挥集团竞争优势，用活用足现有资质，积极向新型基础设施建设和新兴产业涉足，成功承揽了高邮市城南新区智慧大厦绿化景观工程、云南晋宁区永乐大街市政道路工程、高邮五里坝国家粮食储备库、宿迁市滨湖花园老旧小区改造工程等项目，并自主开发了润扬名居别墅区、印象•润扬住宅区、横泾人民路商业街等项目，成功实现了新的利益增长点。

3. 加大合作密度。润扬集团高度注重与国内外大集团和知名承包商的联系，借船出海、借梯登高，近年来成功依托中能建、中化学等央企背景优势，顺利签约内蒙古乌拉盖2×1000MW高效超临界燃煤发电机组项目B标段、杭州宝鼎乾芯6英寸半导体EPC总承包项目，开创了互助互惠、合作共赢的新局面。

4. 加大盘活力度。润扬集团在对外创新业务模式的同时，对内不断加大停滞项目的梳理盘活力度，找准症结、分类施策，最终经过多轮多方谈判，将山西运城福路佳苑和贵州普定香山悦景两个“沉睡”的项目夺回了主动权，由施工单位转变为建设单位和开发商，成功激发了集团的内生动力。

（三）科技赋能创新力增动力

创新是企业进步的动力。近年来，润扬集团紧跟建筑业科技发展的趋势，始终坚持科技创新驱动发展，不断加大研发投入和新技术的应用，通过提升自主创新能力，推动科研成果在项目上的应用转化取得新突破，形成了高质量发展新动能。

1. 加大科技创新投入。根据集团实际情况，合理制定研发费用计划，主要用于优化实验场地，采购先进研发检测设备，加强创新平台的建设，并将该指标作为考核的重要指标。截至目前，润扬集团科技活动经费总投入约 1500 万元，达营业收入的 0.8%。2022 年 7 月，润扬集团技术中心成功被认定为“江苏省建筑业企业技术中心”，这不仅是对集团创新研发能力的高度肯定，更是未来科技创新发展的良好契机。

2. 加大新技术的应用。润扬集团紧紧围绕“绿色低碳”和“数字化转型”等时代热点，坚持自主研发和创新，组织开展科技攻关，形成产学研深度融合的科技创新模式，并设置优厚的物质奖励机制，鼓励技术人员根据项目自身特点和设计要求，进行工法创新、QC 论文编写，来完成技术的不断进步和更新迭代。目前，润扬集团拥有《一种地下室减压井抗浮排水结构及其施工方法》《一种建筑施工用可回收式附着预埋件》《垂直运输机械可回收式附着预埋件施工工法》等国家发明专利、实用新型专利、国家级和省级工法 32 项，省市 QC 成果 33 项，全面提升了集团在建筑施工中的科技水平，以科技创新助力集团转型升级。

3. 加大科技成果转换。润扬集团通过加快新材料、新技术、新工艺的普及应用，尤其在高、尖、难、特工程上，以降低工程成本和提高项目质量、安全、进度等优势为目标，让科技创新有效指导项目生产攻坚克难，努力实现新技术的转化，增加项目的科技含量。同时，加大BIM、装配式建筑的应用，推进智慧工地和建筑工人实名制管理，支持项目管理人员、作业人员线上协同管理，实现了项目管理全过程智能化。

（四）精工匠心抓质量保安全

品牌是企业价值的核心。近年来，润扬集团坚持以项目精细化管理为重点，强化全过程控制，对工程安全、质量、文明施工、创优夺牌等明确目标和举措，并纳入年度绩效考核，用匠心铸造更多的精品工程，擦亮润扬品牌。

1. 抓好安全管理。建立健全项目部安全责任体系，签订安全责任状，做到层层有安全目标、级级有安全措施、人人有安全责任；针对施工现场，通过张贴、悬挂安全标语，发放宣传资料，设立VR安全体验区，大力宣传安全生产知识；组织管理人员、技术人员及劳务队伍学习《安全生产法》，观看安全教育警示片等，增强全员安全生产意识。近年来，润扬集团组织开展精细化飞行检查、专项治理活动近百次，提出整改意见200余条，实现安全生产“零事故”目标，提升了项目安全管理水平，集团多次被评为“江苏省建筑业安全生产先进单位”。

2. 抓好文明施工。润扬集团每年在建项目几十项，文明施工涉及项目多、领域广。近年来，集团全面推广文明施工规范化管理，做到因地制宜、布局合理、整洁一致、操作方便、安全卫生、保护环境，从整体上提高项目的安全文明施工水平。同时，树立标杆工地，每年组织开展现场观摩，加强交流学习，取长补短。近年来，润扬集团承建的南京利源科创大厦、南京丽都嘉园住宅、扬州新能源汽车电子及大功率半导体晶圆生产线、高邮瑞和北宸阳光、高邮启迪数智信息产业园等多个项目成功被评为“江苏省建筑施工标准化星级工地”。

3. 抓好创优夺牌。润扬集团积极鼓励各分公司、项目部要抓好工程质量，多创优质工程，建立起以项目经理为首的全体人员参加的质量保证体系和追究制度，全面贯彻执行项目建设规范化管理，积极承建高精尖和代表性项目。同时，根据项目的构成情况、难易程度、合同要求，确定创优夺牌的目标，编制创优计划，分解好创优责任，努力打造优质工程、安全工程、精品工程，对获得“国优奖”“鲁班奖”的项目，给予100万元～200万元奖励。润扬集团从激励和约束两个方面，把品牌建设贯穿整个项目全过程，在业界成功树立起品牌的良好形象。近年来，先后创省优工程16个、市优工程42个，创“国家AAA级安全文明工地”和“省市文明工地”120多个，“优秀项目经理部”3个。

（五）党建引领强治理聚合力

党建是企业文化的灵魂。润扬集团在40多年的发展历程中，无论形势如何变化，无论体制如何改革，唯一不变的是始终坚持党的领导，把经济发展责任扛在肩上，以一系列务实举措激发出红色引擎的强大动能，推动党的建设与生产经营互融互促，开创了党建引领发展的新局面。

1. 完善公司治理工作。多年来，润扬集团坚持把党总支领导作用落到实处，严格落实“一岗双责”的要求，全面推行党总支书记和董事长一人担任，党组织班子成员与集团管理层双向进入、交叉任职，确保集团高质量发展方向正确。同时，把党的领导科学融入企业治理各个环节，参与决策集团重要议题、重大事项，连续多年被上级党委授予“先进党总支”荣誉称号。

2. 发挥基层独特优势。润扬集团党总支根据发展需要，不断梳理调整基层党组织架构，切实做到项目建在哪里，党组织就设到哪里，同时以项目部为依托，创设党建活动室，开辟党员学习角，设立党员示范岗、党员责任区和党员突击队，定期开展支部党课、安全教育、技能比武等学习活动，把党员的积极性、创造性和模范作用充分激发出来，为项目高质量建设注入澎湃动力。

3. 引领企业文化建设。润扬集团坚持将党建工作和企业文化相融合，把广大职工紧密团结在党的周围，扎实开展“不忘初心、牢记使命”主题教育、上党课、道德讲堂等党内活动，并充分利用传统节日和革命纪念日，组织前往“抗日战争最后一役纪念馆”“淮海战役纪念馆”等红色教育基地参观学习，增强全体员工的党性修养。同时，坚持以党建带工建，共同组织开展了丰富多彩的经典诵读、革命歌曲传唱、知识竞赛、评比表彰、运动会等集体文娱活动，以党组织力量的特有优势，充分调动广大职工的工作热情，展现出润扬集团更加有质量的企业文化。

4. 积极承担社会责任。润扬集团始终将企业发展与社会责任紧密相连，通过实实在在的行动投身社会公益事业，传递正能量。2008 年汶川特大地震发生后，润扬集团全体党员带领全体员工，自觉向党组织上交“特殊党费”120 多万元，并迅速组织了一支抗震救灾、重建家园的建筑队伍奔赴汶川参与援建。近年来，从最初的捐资助学、修桥铺路、扶贫济困，到后来积极参与新时代的脱贫攻坚、英勇抗疫、乡村振兴、党员关怀、志愿者服务等活动，润扬集团已为各类公益事业捐赠超 1000 万元。

（六）聚才引智激活力促发展

人才是企业常青的基石。润扬集团始终坚持“人才强企”和“人皆为才”的思想，紧抓人才引培和选拔工作，积极创造有利条件，使得有能力、有魄力、懂管理、善经营的人才不断涌现，促使集团能够历久弥新、长足发展。

1. 用好现有人才。在润扬集团的人才队伍里，有一路陪伴集团成长的老员工，也有刚刚入职不久的新员工，有近在咫尺的本地员工，也有志在四方的外地员工，润扬集团都坚持用事业留人，结合员工的专业特长和工作经历，进行科学化、人性化的定岗定责，切实做到以德为先、用人所长，并建立完善激励保障机制，促使他们安心工作、乐于奉献。其中，多名优秀员工被提拔为集团公司管理人员，分别担任分公司、经营部、综合部、财务部等核心岗位负责人。

2. 引进高端人才。在建筑业高质量发展的道路上，润扬集团从传统“建造”向“智造”升级，需要多名中高端设计人才、IT 人才、管理人才来加快发展的步伐。因此，集团每年有计划地至少引进 2 名一流高校相关专业本科、硕士研究生，通过他们发挥“鲶鱼效应”“一帮一、一带一”，推进集团在技术攻关方面实现重大突破，成为向“智造”转变的“智力引擎”。集团现拥有各类技术人员 518 人，一、二级建造师 132 人，持证上岗人员 926 人。

3. 加强教育培训。近年来，以集团公司、建工学校等平台，覆盖培训员工 2000 余人次，其中直接针对项目和业务一线人员的培训 1700 人次，占比 85%，主要包括国家级行业标准规范学习、项目管理、公司技术质量体系、安全管理、造价员培训、法律培训等。此外，还安排了中高层负责人培训、取证人员考前培训、继续教育培训等，并努力克服疫情影响，主动寻求向线上培训转化，做到全员共同提高，切实为润扬集团高质量发展汇聚强大智力支撑。

三、企业面临的问题和困难

润扬集团取得的成绩有目共睹，但仍存在不少困难和问题，对标先进企业仍存在较大差距，企业资质单一、项目盈利偏低、人才短缺、现金流不充足、产业链发展能力弱等都尚待提升。

（一）市场开拓受困

传统招标投标项目越来越少，同时投建的项目呈大型化、综合化趋势，导致开拓市场的成本和门槛日渐走高，民营企业想要分得一杯羹则是难上加难。实力强大、资源丰富的央企、国企利用自身优势，纷纷占据了国内主要市场。同时，在受到房地产业的调整后，许多项目被迫停工，新项目则是急剧减少。

（二）税源分流严重

虽然国家出台过打破“地方保护主义”相关文件，但各地对税源都卡得很紧，外地企业在招标投标过程中，总会受到地方上的一些限制：要么必须在当地注册企业，要么必须与地方企业组成联合体，直接导致企业总部所在地的税源被挖走，严重影响企业的税收贡献。

（三）资质运用不足

企业所拥有的市政、装饰、设备安装等“附加资质”未能充分利用，有些资质申报后利用率过低，资质资源未能有效整合，对一些“小资质、大收益”的市场敏感度不强。

（四）项目创效骤降

随着建筑原材料价格持续上涨、人工成本上升，安全生产、文明施工成本不断增加，项目预算价格低、低价中标、错综复杂的关系等，让项目实际收益越来越低且控制难度大。作为施工总承包企业，常遇到建设单位将土石方、防水、装修、消防等分项工程肢解分包，总承包企业只负责主体结构施工，还要担负分包施工的工期、质量、安全等一系列总包责任，使很多项目成为“食之无味、弃之可惜”的工程。

（五）资金压力巨大

由于垫资大、利润低、周期长、回笼慢，大量流动资金被工程项目长期占用，企业生存空间进一步受到挤压。同时，各大银行对建筑企业压缩贷款额度，且融资成本高，面对一些体量大、质态好的项目，苦于无力垫资只能望而止步。

（六）专业人才匮乏

建筑施工是一个庞大的系统工程，工种繁多，工序复杂，需要大量的技术工人作为支撑，但由于工作环境艰苦，中青年技术人才纷纷流失，技术工人出现断层。随着建筑业的飞速发展，各地高精尖的项目出现后，复合型管理、财务、经营等高素质专业型人才更是匮乏严重。

四、推动新时代高质量发展举措

润扬集团在全面开启第六届董事会新征程上，围绕“多元经营、稳中求进”这条主线，坚持“稳增长、谋创新、重管理、防风险、强党建、育人才”方针，着眼长远、把握机遇，以更加坚决的态度、更加自觉的行动、更加有力的举措，统筹发展规模、质量、效益，努力实现“个十百”奋斗目标，沿着高质量发展新轨道阔步向前。

（一）强化竞争意识，增强发展动能

一是立足定位谋布局。以适应市场经济为导向，分析集团面临的市场态势，正确认识集团在市场中的定位，不断调整集团的经营策略，充分调动方方面面的积极因素，广交四海朋友，多集有效信息，形成“天南海北找市场，千方百计揽任务”的经营局面。

二是资质升级扩市场。坚持练内功谋发展的思路，继续组织专业人员推进特级资质申报，市政、水利、机电、装潢等资质升级工作，改变现有资质的单一性，加快经营格局的调整，形成横向拓展、纵向延伸的经营方式。

三是重点地区抢市场。积极向京津冀、长江经济带、粤港澳大湾区等优势市场的重点区域延伸拓展，加大攻关力度，力求重大突破。在做强主业的同时，深入市政道路、房地产开发、新能源、医养等产业，整合多板块资源培育新动能，加快转型升级的步伐。

四是傍强借大闯市场。以现有央企合作项目为载体，借智借力走出去，进一步加强合作，发挥联合优势，实现更高层次互利共赢，争取更多的市场份额，谋取更大的经济效益，为高质量发展注入强劲动力。

（二）强化风险意识，夯实经营成果

一是识别防范各种风险。始终保持头脑清醒，深入研究润扬集团转型发展面临的新问题新挑战，做好新业务新领域的风险预判，提前制定科学

的防控策略，推动资源向优势产业、有发展前景的产业倾斜。

二是加大项目监管力度。把风险防控落实落细到项目全过程，按照签订的项目承包合同，强化责任风险。定期委派财务会计对项目部各个环节资金进行预算编制，了解分析资金运作和执行情况，严格财政纪律，坚持签字制度，限制大额资金流失。

三是规范工程款的收支。认真落实项目的跟踪审计和竣工审计工作，建立健全工程项目部成本分析、成本核算、成本责任体系，防止效益流失。加大工程款的回收力度，及时清理和处理项目部债务，力求做到竣工决算到位，工程款拨付到位。

四是做好清收盘活工作。加大对重点不良债务的清收力度，确定清收范围，强化清收措施，对不能按期偿还的债务，依法清收。同时，积极盘活现有房产等固定物资，做到盘活存量、抓好现量、做优增量，提高资金利用率。

（三）强化精品意识，争创优质工程

一是全力以赴保安全。严格落实安全责任，做到多层次、全方位、多形式的安全宣传工作，持续加大安全隐患排查、治理整改工作。做好安全文明标准化工地建设，对施工现场内的临时设施、围挡、生活设施等进行装饰美化，做好现场污染源的控制、建筑垃圾清理外运、道路扬尘洒水等措施，从整体上提高项目的安全文明施工水平。

二是全力以赴保进度。吃透合同内容，在确保质量和安全的前提下，抓牢项目建设各个环节，进一步细化时间表、任务图，增强项目建设人员的责任感和紧迫感，定期组织项目推进会，梳理分析存在的困难问题，研究破解难题的措施，确保重大项目早建成、早见效。

三是全力以赴保效益。全面推进项目契约化管理，压紧压实创效责任，在落实项目精细化管理举措上想办法、出实招。在材料采购上，采取公开招标，公平透明，保证在同等条件下优先选择价格最低、质量最好的材料。在坚持施工图预算前置下，控制材料领用和使用量，对签证内容和

工作量进行严格把关，并积极采取新工艺，优化施工方案，最大程度控成本、增效益。

四是全力以赴创佳绩。紧跟集团高质量发展提质增速的步伐，提高创优夺牌的争先意识，明确创优夺牌的目标，做好创优工程的各项策划和准备工作，组建强有力的创优夺牌班子，严格按照技术规范、标准要求施工作业，注意收集施工过程的各种资料，切实达到既定的质量标准和创优目标。

（四）强化创新意识，持续科技赋能

一是鼓励创新攻关。鼓励广大职工潜心钻研科学研究、技术革新、技术改造等技术攻关，加强对新工艺、新工法、新专利、科技论文、科技示范工程的指导与申报工作，并加大激励扶持力度。

二是推动技术应用。针对项目结构类型多、工期紧、模式新、工艺复杂、现代化程度高等新特点，加大科技成果的推广应用，并统筹兼顾项目的环保、高效、低耗，全面提高项目科技成果转化、产业化水平和科技含量。

三是发挥协同效能。以集团技术中心为平台，加强与高校、科研院所的对接合作，集中科技资源、加大科研力度，力求在前沿领域、核心环节、关键技术上实现创新突破，争取更多的核心技术。

四是探索综合平台。建立综合信息管理平台，以项目管理为核心，对数字化智慧工地平台、项目物资管控管理系统、农民工实名制系统、环境检测系统、安全动态系统等进行实时监督和集中管控，进一步融入新时代企业信息化建设中去。

（五）强化政治意识，筑牢思想根基

一是固根本、悟思想。党的二十大报告给予了全体润扬人在新征程上勇毅前行的实干力量，我们将始终坚持以习近平新时代中国特色社会主义思想武装广大党员职工的头脑，制定年度学习计划和专题学习内容清单，

夯实思想之基、补足精神之钙，把党的“精神能量”充分转化为干事创业的不竭动力。

二是亮身份、强文化。结合集团实际情况和行业特点，坚持“挖掘资源、因地制宜”的原则，把党的领导和企业文化巧妙地融入员工中去。以重要节日、重大事件为契机，有倾向性地开展一些“党味”浓厚的主题活动，激励党员干部在履职尽责上走前列、作表率，形成蓬勃向上的文化氛围。

三是多展示、广宣传。量身定制打造特色党建文化园地，建立党员活动室和学习园地，让文化园地成为各支部开展学习、工作、议事的前沿阵地。同时将党建宣传教育工作融入工作场景，使之看得见、摸得着，在办公、会议、项目等场所张贴党建文化图文，弘扬主旋律，凝聚精气神，激发党建新活力。

（六）强化人才意识，激发队伍活力

一是实行考核激励制度。进一步发挥好全员绩效考核的“指挥棒”效能，严格执行绩效考核制度，实行全员考核结果与薪酬“硬挂钩”，有效激发员工干事创业的积极性，给“想干事、能干事、干成事”的员工提供广阔平台。

二是全面提档人才升级。围绕集团战略规划，优化年龄、职称和技能等人才结构，引进重点本科院校、高学历优秀人才，让新鲜“血液”不断注入，同时不断加强人文关怀，设置职业规划，让青年员工有使命、有责任、有未来。

三是坚持内外培训并举。根据集团经营重点和人才需求，建立科学的培训机制，组织开展专家授课、老员工带新员工、内部技术研讨会等相关培训活动，全面提高员工的专业技能和知识水平，让专业素养和工作能力跟上新时代的节拍。

征程万里风正劲，奋楫扬帆再出发。昨日的荣光，是我们引以为豪的珍贵记忆，是我们改革发展的坚实基础，是我们接续奋进的精神动力。而

今，党的二十大吹响新号角，站在事业新起点上，润扬集团将紧紧抓住高质量发展的时代风口和良好契机，乘势而上、奋勇前行，着力推动高质量发展迈上新台阶，为建设“强富美高”新高邮贡献润扬力量、履行时代担当！

张仲林　高邮市建筑业协会会长
张　青　高邮市建筑业协会副会长兼秘书长
曹国顺　江苏润扬建设工程集团有限公司党总支书记、董事长
薛　梅　江苏润扬建设工程集团有限公司办公室文员

“十四化建”关于建筑业改革发展的调研报告

周志坚　代　强　唐媛媛

一、企业发展概况

中国化学工程第十四建设有限公司（简称“公司”）2021年建筑业产值109.03亿元，与2020年度相比，增长24.9%；营业收入100.3亿元，与2020年度相比，增长24.77%；新签合同额109.83亿元，与2020年度相比，增长6.42%；工程结算收入99.23亿元，与2020年度相比，增长24.67%。

2022年1～9月公司建筑业产值98.96亿元，与2021年度同期相比，增长35.75%；营业收入90.6亿元，与2021年度同期相比，增长32.61%；新签合同额104.29亿元，与2021年度同期相比，增长11.46%；工程结算收入79.4亿元，与2021年度同期相比，增长16.32%。

二、企业发展举措

（一）融入国家战略，开创转型发展新局面

公司进一步转变思想观念，从经营项目向运作项目转变，探索从“建筑承包商”到“城市运营商”角色转型，致力打造“建筑业全产业链资源整合者和一体化解决方案服务商”。公司进一步明确了“做优传统化工主业、做精做优低温储运业务，强力拓展市政建筑领域市场，大力拓展环保工程、做大做强水治理及环境治理业务，提升军民融合领域市场份额，适当发展相关实业，稳步走向国际市场”的业务发展战略。**在传统化工工程方面，**公司坚持从国家“双碳”目标中寻找商机，在高端化、多元化、低碳化深度发展煤化工产业方面发挥积极作用，同时积极关注风、光、水等可再生能源与化工石化，特别是煤化工产业的耦合利用项目。**在低温储运**

方面，公司积极抢抓能源替代战略机遇，不断扩大低温储运市场份额，承揽了全球最大的连云港滨海 27 万 m^3 低温储罐项目，低温储罐总罐容达到 480 多万 m^3，承揽完工及在建 16 万 m^3 及以上低温储罐 19 台，在当下低温储运领域处于领先地位。公司大型低温储罐项目和长江大保护项目多次被不同地方媒体和央视报道，赢得良好广泛的声誉。**在市政基础设施方面，**公司按照“立足江苏、深耕南京、周边辐射、面向全国”的思路，在城市道路方面，陆续承接了南京市江北大道快速化改造 BT 项目、南京市浦口区延陵路 PPP 项目、宁合高速改扩建等项目。**在建筑市场方面，**相继承揽了南京鼓楼区老旧小区出新、扬州联发星领地住宅小区、盐城袁河家园、三洼棚改等一批具有代表性的房建项目，实现向城市棚户区改造、农村集中居住区等新型建筑市场的稳步拓展。目前，公司已完成房建建筑面积约 150.9 万 m^2，在建建筑面积约 128.51 万 m^2，建筑施工品牌形象逐步显现。**在环保和水环境治理方面，**公司积极服务共抓长江大保护、黄河流域生态保护和高质量发展等重大战略，落实“两山论”及习近平生态文明思想，为美丽中国建设提供重要支撑。公司以城市污水和城市垃圾处理作为切入点，集中优势资源重点拓展城市雨污管网和环境综合治理业务，业务范围已扩展到城市道路绿化、河道综合治理、黑臭水体治理等，目前在建和完成污水处理厂项目 11 个，餐厨垃圾处理厂和固体废弃物处理厂 7 个，城市公园 7 个。

（二）聚焦深化改革，创新机制激发内生活力

公司坚持发展出题目，改革做文章，以改革的持续深入激发企业高质量发展动能。**改革三年行动提前收官。**改革三年行动启动以来，公司坚持把学习贯彻习近平总书记关于国有企业改革发展和党的建设的重要论述和重要指示批示精神作为落实国企改革三年行动的首要任务。公司共有改革事项 102 项，截至 2022 年 6 月底均已全部完成。改革三年行动期间，公司各项经营指标均取得大幅增长，非化领域业务占比超过 50%，高质量转型发展成效明显。**持续优化混改企业管理。**2020 年，公司紧抓南京江北新区

打造“芯片之城”的发展机遇，通过混合所有制改革形式与安徽天康（集团）股份有限公司共同出资，成立中化天康科技（南京）有限公司，依托新区人才、环境、政策等优势，全力推动和促进芯片技术创新和产业发展，目前已基本完成芯片制造工艺研发。公司坚持推进全面深化改革、现代企业治理、市场化机制建设、三项制度改革等重点任务向混改企业延伸。用好用足员工跟投正向激励政策，科学制定了员工跟投实施细则，合规搭建了员工持股平台，积极推行骨干员工跟投，将公司利益和员工个人利益有机结合，体现共创、共担、共享，激发骨干员工的积极性、创造性，以支持公司战略实现及长期可持续、健康发展。**扎实推进公司治理规范化制度化。**深入推进完善现代企业制度，从坚持两个“一以贯之”把党的领导融入公司治理、健全以公司章程为基础的内部制度体系、加强董事会建设落实董事会职权、建立市场化经营机制、强化监督体系建设五个方面，全面提升公司治理能力和水平，有效推动了公司高质量发展高效能治理。

（三）强化顶层设计，全力支持三级公司做大做强

公司坚持高质量发展主线，编制印发专项指导意见，对三级企业培育提供路径指引和政策支持，结合三级企业经营规模、管理能力、人力资源水平等要素情况，逐步探索授权放权。推进“瘦身健体”，打造精干高效三级企业，对三级企业进行全面整合，合并了3家分公司，同时优化法人层级，有效增强专业市场竞争力和抗风险能力。坚持以市场经营为龙头，明确三级企业主责区域市场，持续转变经营思路与模式，积极融入属地发展。公司引领各三级企业在目标清晰强抓市场经营、精益求精严格施工管理、优化管理推进提质增效、强化责任落实安全生产、抓铁有痕强化作风建设等方面蓄能攻坚，创造了经营生产逆风破浪、经济运行稳中向好的良好局面。

三、企业发展挑战

当前，世界百年未有之大变局进入加速演变期，国际经济、科技、文

化、安全、政治等格局都在发生深刻复杂变化，国外通货膨胀影响外溢，国际经济复苏缓慢，海外经营风险明显增加。从国内看，我国经济发展面临需求收缩、供给冲击、预期转弱三重压力持续加大，地方“隐性债务”清理、资本监管、金融平台整顿等措施同步实施，给我们带来了较大压力和挑战，需要妥善应对。

同时，公司要紧跟集团公司持续做强做优做大的发展步伐，特别是当前国家出台了一系列稳增长的具体举措，对于基础设施行业发展将带来利好；石化化工行业加快推进传统产业改造提升，将推动新一轮投资浪潮；“双碳”背景下绿色环保领域将孕育新的发展机会；此外，新基建、节能低碳建筑和低碳设施建设的持续发力，环保行业的战略性推进，为公司发展带来利好。但是在公司高质量的发展过程中还存在一些问题：一是公司属地化经营压力较大，二是三级公司生产经营一体化建设成效还不够明显。我们要深刻把握国际、国内和公司自身的形势变化，坚持防住疫情、稳住发展、守住安全，全力吹响冲刺的“奋进号”。

四、有关意见建议

1. 对资质取得重大突破的建筑业企业予以激励。同时在信用评价时对资质获得重大提升的企业按照证书主管部门级别予以加分。

2. 建议进一步加大对属地建筑企业的支持，在项目承揽、工程质量、安全类评优表彰方面适当向属地企业倾斜，并在申报省级奖项中提供指导帮助。

3. 建议加强对新引进项目的信息共享，及时向驻南京大企业发布相关信息，帮助我们更好地把握发展契机，同时增进驻南京大企业之间的沟通交流。

周志坚　中国化学工程第十四建设有限公司副总经理、工会主席
代　强　公司总经理助理、党委（经理）办公室主任
唐媛媛　公司经理办公室副主任

关于建筑业改革发展调研情况的报告

——中国江苏国际经济技术合作集团有限公司

朱海峰　韩奎杰　黄秀艳

一、企业发展概况

中国江苏国际经济技术合作集团有限公司（简称“中江国际”）前身为1980年12月经国务院批准成立的中国江苏国际经济技术合作公司，是全国最早获批拥有对外经营权的8家综合性国营外经企业之一，系江苏省大型国有独资公司。中江国际注册资本30亿元人民币，资产总额182亿元，所属二级经营机构40家。

中江国际坚持国际化战略、多元化战略和人才强企战略，以转型升级、创新发展为动力，大力弘扬“合作、超越、尽责、守信”的企业精神，致力于做大做强国际工程、国内工程、国际贸易和城镇投资四项主营业务，做优做专咨询服务和国际劳务两项辅营业务，推动国内外两个市场、各产业板块之间协同发展，打造国内外项目投（融）资、建设、运营产业链和价值链，积极构建新一轮发展的竞争新优势。

中江国际拥有中华人民共和国商务部授予的对外承包工程和劳务合作经营权、进出口贸易经营权、对外援助成套项目施工任务和对外援助物资项目A级实施企业资格；中华人民共和国住房和城乡建设部授予的房建工程施工总承包特级资质、市政公用工程总承包一级资质、建筑行业设计甲级资质、人防工程和防护设施专业设计甲级资质及建筑装修装饰、机电设备安装、钢结构、建筑幕墙、电子与智能化等专业工程承包一级资质；通过ISO 9001质量管理体系、ISO 14001环境管理体系和《职业健康安全体系要求》GB/T 28001认证。

经过30多年发展，中江国际已成为年营业收入近200亿元、市场遍布全球数十个国家、产业多元化的跨国经营公司，连续27年被美国《工程新闻记录》评为“全球最大的250家国际承包商”，荣膺“中国服务业500强企业”“中国建筑业综合竞争力百强企业”“全国优秀施工企业”“中国对外贸易500强企业”等称号，被江苏省名牌战略推进委员会授予“江苏服务业名牌”。

从国际形势看，世界经济陷入低迷期，经济全球化遭遇逆流，国际局势不稳定性与不确定性明显增强，对中江国际的国际业务造成了较大的影响。从国内形势看，我国经济正处于转变发展方式、优化经济结构、转换增长动能的攻坚期，随着房地产行业政策调控力度的加大，建筑市场逐渐萎缩，市场竞争日趋激烈；新冠疫情也对建筑业带来了很大的冲击，增加了实施成本，使中江国际的发展面临巨大的挑战。

二、企业发展举措

（一）构建合规文化体系，提升合规管理水平

随着中国企业“走出去”的步伐，合规管理已经越来越受到重视，为提高中江国际安全发展水平和风险防控能力，公司在省国资委合规管理试点工作的基础上，依据《省属企业合规管理办法指引》，结合《世界银行诚信合规指南》，持续优化改进合规管理体系，进一步提升集团合规管理水平，根据《合规管理体系要求及使用指南》ISO 37301:2021标准，通过合规管理体系认证工作。作为首家获得合规管理体系认证的国有企业，中江国际展示了符合国际标准的合规管理能力，较高程度满足商业伙伴的合规管理要求，合规管理体系认证证书帮助中江国际在客户合作、多边合作、政府合作中传递商业信任，成为顾客和国际供应链的通行证。

（二）整合重组，完善业务资质

中江国际大力推进内部资源整合和机构重组，逐渐将原有的国内工程

板块10家分、子公司逐渐整合形成“3＋2”经营组织架构，即3家总承包单位和2家专业单位，优化企业经营组织架构，整合资质、人才、业绩、财务等资源，集中优势力量做大做强建筑施工板块业务。

顺应市场发展趋势，升级设计服务范畴，取得监理甲级资质，大力发展全过程工程咨询业务，逐步形成覆盖建筑领域前期策划、工程设计、工程监理、造价咨询及项目管理的全生命周期综合性的服务能力。

（三）积极推动区域化发展

中江国际深入研究国内市场布局，不断寻求新发展机遇，拓展经营版图，加强精细化管理，加强围绕主业的投资和服务发展，增强企业盈利能力和管理能力。

持续深耕长江三角洲地区市场经营，发挥主场优势。扩大公司在长江三角洲城市群的建设规模，继续挖掘公投市场，进一步增强公司市场竞争力。

巩固强化华南区域市场，拓展华中、华北和西部地区，增加区域布点，填补市场空白。在推动区域化拓展的同时，做好区域化管理的深化，一是公司的本地化，二是项目本地化，三是员工本地化。中江国际在区域市场开拓方面深下功夫，发动一切资源，全力经营区域主营市场，经营结构管理也向扁平化管理方向发展。

在来华投资的外商中充分发挥信誉良好的特殊优势，并进一步挖掘新的外商客户群体。

（四）加强科技创新，赋能转型升级

中江国际积极探索适应自身创新发展的数字化转型之路，与著名大学建筑城市规划学院建立全面战略合作关系，设立建筑学教育本科及硕士联合培养实习基地和研究生工作站，引进院士工作站，为企业培养“数字人才”奠定基础；组建成立了“江苏省数字建设技术有限公司”，为“智能建造”、集团数字化转型发展、公建中心省级集中建设模式优化提供科技支撑；加大投入打造建筑产业生态文化，通过加快推进数字化系统平台的建设，以夯实企业数字化底座；积极推进BIM技术在设计建模、施工建造等领域的研究与应用，推动建筑工业化升级。

（五）探索“投、建、运”模式，拓展业务面

面对新形势下建设行业形势变化和发展趋势，单纯依靠市场竞标方式承揽项目和依赖施工利润的盈利模式难以做大做强。把握新型城镇化建设战略机遇，主动融入国家和江苏省新时期经济社会发展大局，创新探索“投（融）资、建设、运营”一体化商业模式，发挥资源协同效应。坚持“资金跟着项目走”，打通产业协同融合和业务系统融合，加强业财一体化有效管理，努力提升围绕工程建设的项目投（融）资和商业运营能力，通过“强链补链”，推动产业延伸和升级，创造更高附加值。

（六）低碳绿色发展，成立装配构件工厂

积极响应国家“碳达峰、碳中和”号召，大力发展装配式建筑，以实际行动推动转型升级、助力国家“双碳”目标早日达成。随着政策驱动和市场内生动力的增强，装配式建筑相关产业发展迅速。在装配式建筑产业链中，构件生产、装配化装修将成为新的亮点。为适应低碳绿色发展，促进建筑业转型升级，集团公司参股成立集装配式建筑材料和产品研发、生产、销售、服务，装配式建筑技术开发、检验检测、生产管理、模具开发、物流配送、安装维护等一体化的现代装配式建筑集成方案的中江装配公司，并在2021年7月完成了股权结构调整，引进了泰州城投集团、泰州华信集团、姜堰城投集团三家当地政府投资平台作为新的战略投资人，建立起了以中江国际绝对控股的股份制企业。

（七）依托“一带一路”，拓展国际市场

整合海外人、财、物和市场资源，通过海外区域公司的设立，实现资源相对集中和优化配置。在“一带一路”相关国家积极拓展海外工程承包市场，在海外布点市场数量上实现较大突破。通过集团所属海投公司，以

"投、建、营"一体化商业模式打造"中阿产业园"。中江设计院也依托集团国际业务的发展，培养熟悉欧美设计规范的人才，走向国际市场。

三、企业发展挑战

（一）外部环境不确定性的挑战和行业竞争加剧的挑战

当今世界正经历着百年未有之大变局，错综复杂的国际形势，加之疫情的影响，给中江国际的国际工程业务开展带来较大的变数，存在很大的不确定性。

近年来，随着国内市场的不断成熟，工程承包、投资和服务等领域的竞争日益激烈。同时，随着区域融合的加强，企业间的竞争将日趋白热化。中江国际如何在同类企业竞争中脱颖而出，是未来面临的一个重要挑战。

（二）企业面临的问题

中江国际与央企相比，影响力小，缺乏资金支持，被扶持的政策不多，处于劣势地位。与同等规模的民企相比，在机制的灵活性方面处于劣势。因此，从竞争力角度而言，中江国际的核心竞争力欠突出。

中江国际大部分的营收及利润来源于工程承包业务，根据建筑行业价值分析，处于产业链中间环节的业务，其附加值是最低的，为打破中江国际营收和利润的瓶颈，中江国际的工程承包业务宜向产业链上下游延伸，以取得更高的收入及附加值。

在集团转型发展过程中，存在核心专业人才缺口，尤其是国际工程、国际商务、投融资管理及园区运营管理等核心人才明显短缺，主业方面的核心领军人才缺乏。

（三）新冠疫情的影响

疫情给建筑企业带来了巨大影响。企业用工成本增加，现场施工工人短缺，进而导致用工难，增加用工成本。配备防疫物资、增强日常监测监控等措施，以及疫情结束后集中开工带来的原材料短缺，均导致建筑企业施工成本增加；部分物流停运，材料供应商及设备租赁企业未正常经营，导致材料供应不足，材料成本增加，建筑材料价格普遍增加 10%，对行业生产、下游行业消费带来负面影响。疫情防控期间的交通管制、封闭政策，一定程度上使项目管理人员、务工人员不能按期返回，直接影响项目进度，造成项目延期。

四、有关建议和意见

（一）资质申报和政策资源扶持

作为唯一的省属建筑业国有企业，中江国际将进一步深耕江苏市场，在具备条件的地级市积极布点，大力开拓江苏区域市场。为此，一方面请省相关行业主管部门在区域公司申请施工资质上给予指导和支持，另一方面在省政府投资的重大项目承接上能够争取一定的优惠政策。同时，在落实江苏省“十四五”发展规划中关于培育工程总承包单位、培育全过程工程咨询单位等方面给予扶持，将区域公司培养成工程总承包单位或全过程工程咨询单位。

以工程项目联合体投标的方式创造中江国际与大型央企合作的条件，增大中江国际对大型项目的参与度；放宽一些建设领域（如轨道交通）的准入资格，以加快中江国际进入这些建设领域的速度，争取这些建设领域的市场份额。

（二）规范合同条款和履约行为，降低建筑企业成本

目前的建筑市场只要求建筑企业进行履约担保，没有强制性要求建设方进行“支付担保”，这不符合国际建筑市场惯例，也给建筑企业带来经济风险。

部分建设方给出的合同条款并不公平对等，建设方的权力过大，施工

方的义务过大，造成了施工方处于绝对弱势地位，增加了施工方的隐性成本。同时，普遍存在决算难、审计难的问题，在资金紧张的情况下，建设方故意采用拖延决算时间、重复审计来达到不付工程款的目的，而施工方只能承担相关的财务成本。

建议由行业主管部门牵头调研，并出台政策加以规范：合同双方对等担保；对于严重有失公平的合同不予备案；规定决算与审计时间，杜绝建设方故意拖延。

朱海峰　中国江苏国际经济技术合作集团有限公司国内业务部部长
韩奎杰　部长助理
黄秀艳　职员

坚持高质量发展导向　深化建筑业转型升级

李焕军　韩祥凤　许晓慧

锦宸集团成立于 1979 年，2003 年完成产权制度改革，2017 年成功晋升施工总承包特级资质，现具有建筑工程施工总承包特级资质，建筑行业甲级设计资质，市政公用工程施工总承包一级资质，建筑装饰装修、机电设备安装工程专业承包一级资质，以及多项二级资质和对外承包工程经营资格。近年来，企业坚持“绿色发展、创新发展”理念，在做强建筑主业的基础上，不断推进企业转型升级，通过补短板、强弱项、提质效，开辟了一条“工程实施变革化、建筑产业现代化、企业发展多元化”的高质量发展新路径。公司经营范围涉及地产开发、建筑设计、建筑施工、建筑工业化部品研发生产、装配式地下综合管廊、教育、金融、商贸、餐饮、物流等行业，业务覆盖国内和非洲乍得、尼日尔等市场。

2021 年主要经济指标完成情况：集团建筑业产值 115.3 亿元，同比增长 22.1%；营业收入 90.4 亿元，同比增长 32.9%；新签合同额 116.8 亿元，同比增长 31.7%；工程结算收入 85.8 亿元，同比增长 67.5%。

2022 年 1～9 月（10 月数据未全）主要经济指标完成情况：1～9 月，在手项目 62 个，合同额 55.6 亿元，建筑业完成施工产值 46.5 亿元，新签合同额同比下降 27%。企业被评为江苏省民营企业 200 强（列 163 名，较上一年度上升 19 名）、江苏省建筑业综合实力百强企业（列 31 位，较上一年度上升 6 名）、江苏出省施工先进集体、泰州市建筑业综合实力三十强、泰州市建筑业重点骨干企业。

一、取得的发展成就

（一）调整经营结构，变革实施方式，全面拓展市场空间

公司晋升特级资质后，成为集设计研发和施工总承包于一体的综合性建筑企业。公司乘势而上，紧抓国家“一带一路”、振兴东北老工业基地、长三角经济带、珠三角经济带、新型城镇化、城市地下综合管廊建设、海绵城市、新基建等机遇，调整经营结构，改变以往房建为主的局面，在公用建筑、工业项目、基础设施、新农村建设、棚户区、老旧城区改造、机电安装、环保等项目上深入挖潜。

变革项目实施方式，通过开拓国内PPP和EPC项目巩固建筑主业根基，积极参与标准厂房、城市基础设施项目的建设与营运。集团实施的PPP项目有泰州体育公园、华东数据湖产业园、姜堰区文化与体育设施等，总投资额约68亿元，目前泰州体育公园、姜堰文体中心已交付使用，进入运营阶段，正在接受省运会的检验，华东数据湖项目按规划正在推进中，目前已完成指挥中心、配房、3号数据机房以及3号发电机房的建设；加快推行EPC总承包模式，中标徐州凤凰雅园、徐州市检验检测产业科研实验楼项目、广宁县高新工业园区市政配套工程、梅河口清华园、泰州周山河学校、姜堰新桥小学、姜堰城南幼儿园、姜堰陈庄幼儿园、三水大道等项目，EPC项目合同额24亿元，做大了企业规模总量。

坚持“合作＋共赢”战略，充分发挥民营企业优势，采用灵活多样合作模式，与一批央企、国企形成战略同盟，承接其专业分包项目，比如：十四化建、中石油海外、中江国际项目；同时紧密围绕已建立合作关系的“大业主”，以项目的口碑获得其他业主的青睐，企业通过在连云港施工的卫星石化项目，获得同在石化园区的海科石化、新海石化等单位的邀请招标和直接发包项目；跟踪战略合作伙伴，与建发国际、华纺地产开展深层次合作，近两年承接了宿迁建发文瀚府，南京G113金鼎和禧府项目、蚌埠华纺湖誉府等项目，合同额近20亿元。企业与一些地方政府也形成了良好的合作关系，与梅河口市人民政府的合作已初显成效，启动两个施工

项目，合同额2.7亿元，下一步双方将共同探索资本与市场高度融合、投资与施工有机结合的新模式，开展以投融资带动项目、股份合作开发项目的实践。

（二）聚力转型升级，变革建造方式，大力发展装配式建筑

高质量发展意味着发展方式的巨大变革。锦宸集团作为较早进入装配式领域的企业，在智能制造新材料上做文章，从战略布局、技术实力、市场开拓、人才培养、实践优化等方面聚焦合力，通过发展新型建筑工业化来布局好以内循环为主的新发展格局。

目前，公司拥有三个装配式基地。集团投资的上海宇辉通过国家高新技术企业认定，挂牌宝山区企业技术中心；江苏宇辉基地被认定为国家高新技术企业，系江苏省住宅产业现代化示范基地、江苏省建筑产业现代化突出贡献单位、江苏省新型建筑工业化创新基地；江苏沃宸基地地理位置优越，符合行业趋势，通过推进股权多元化改革，完成混改，配备了施工总承包二级资质，发展前景可期。2021年装配式建筑各厂区接单总量达13万m^3，合同额约4亿元。

企业围绕建筑产业现代化“一盘棋”的新思路，打造全产业链锦宸样板，成立了装配式基地的配套企业——江苏浦重住宅工业有限公司，进一步完善了锦宸门窗公司，实现了与三个装配式基地的“五厂联动”效应。2022年，集团公司还引进战略投资，注入优质资本，与金东城投集团合作，站在更高的平台上参与市场竞争，对企业转变发展方式、提升发展档次、优化产业结构和推动企业高质量发展具有重大意义。

企业加大科技创新力度，以实现装配式板块领先为目标，以上海、江苏基地为依托，主动与清华大学、哈尔滨工业大学、同济大学开展校企合作，进行标准编制、专利挖掘、课题研究、工法研究等工作，并以企业甲级设计院为依托，设立分院，对装配式技术体系进行不断更新完善。

一分耕耘，一分收获。企业实施的装配式代表工程——泰州市第二人民医院、京泰路管廊、周山河初中项目均被评为江苏省装配式示范项目、

泰州市 BIM（建筑信息模型）示范工程。企业主编了江苏省地方标准《预制装配式混凝土综合管廊技术规程》，培养了一批成熟的产业工人，有多人获得“江苏省技术能手”“江苏省住房和城乡建设系统技能标兵”“江苏省建筑产业现代化先锋人物”“泰州市五一创新能手”称号。截至目前，企业借助物联网、大数据、BIM 等先进的信息技术，基本实现科研、设计、生产加工、施工装配、运营等全产业链融合一体的产业体系，在长三角地区已形成年生产建筑装配式预制构件 30 万 m^3 的能力，能够完成 300 万 m^2 的施工任务。下一步将以建筑工业化板块为平台，抢抓资本市场发展机遇，创新融资方式，全面开启高质量发展新局面。

（三）调整产业结构，实施多元战略，差异经营提档升级

为了有效降低未知的经营风险，集团大力实施“一业为主、多元经营、科学决策、稳健发展”的经营方针，在千方百计保增长的同时，调整产业结构和经营策略，纵向拓展、横向拉伸了产业链，经过多年的调整，目前市场分布广泛，投资领域多元。

教育板块，投资近 1.5 亿元创办的省三星级高中、省示范初中——泰州市民兴中学，学校占地 300 亩，建筑面积 15 万 m^2，已具有一定的规模，学校还完成了举办者变更，由锦宸集团“控股”，注入新鲜血液，组织架构更加完善，学校在校师生 7500 多人。

金融板块，投资 5500 万元成立汇鑫小额信贷公司，以服务地方经济和小微企业发展为己任，在磨炼中成长，十多年来，每年都能形成千万利润，企业还参股姜堰农商行、洪泽村镇银行。

商业板块，由集团全资打造的锦宸百货，深得消费者信赖，年销售额近 2 亿元。企业运营的泰州锦宸维景酒店成为姜城高品质酒店新坐标，可容纳 350 人住宿，总宴请达 150 桌，满足接待 1500 位客人的需求。

物流板块方面，企业投资参股泰州海泰油品装卸有限公司，注册资本 1500 万元，锦宸集团占股比例为 30%，与合作伙伴联手打造的仓储与物流中心，目前拥有 5 万 t 级码头，21 万 m^3 石化仓储罐区。

房地产板块方面，先后开发 20 多个项目，建筑面积近 400 万 m^2。开发的项目有哈尔滨南郡豪庭棚户区改造项目、哈师大文化艺术产业园、泰州稻河湾、花园半岛、扬州蜀岗锦宸、运河晶典、北京朝阳区保障房、姜堰锦宸国际花园、吉林清华园等，房地产的稳健投资有效带动了建筑主业发展，提高了经济效益，增强了企业抵抗风险的能力。

（四）深植党建基因，打造幸福民企，助推建设品质锦宸

我们坚信党建做实了就是生产力，做强了就是竞争力，做细了就是凝聚力。企业突出党建文化建设，始终以习近平新时代中国特色社会主义思想为指引，以生产经营为中心，切实发挥基层党组织的核心作用，围绕集团“抓党建，促生产，提效益”重要部署，不断推进思想建设、组织建设、党员教育，实施“四好”支部工作法，有效地加强和改进了支部的工作，以血脉传承铸造钢铁锦宸，并通过不断地宣传、引导，将企业精神渗透每一个员工，规范员工行为、树立企业形象、打造品质锦宸、建设幸福民企。

企业成功创建第五批全省民营企业文化建设示范单位，并以此为契机，强化党建文化阵地建设，建立锦宸集团企业文化中心，集党建活动中心、文体活动中心、职工书屋、经营发展成就陈列室于一体，丰富职工精神文化生活。党政工团同心协力、统一思想、统一规划、统一部署，自此形成了推动企业发展的合力，“红色引擎”为集团高质量发展，提供坚强的组织保障和强大的精神动力。

二、存在不足和困难

企业在经营管理中也存在一些不足和困难，主要表现在以下几个方面：

（一）市场开拓方面所面临的困难

2022 年企业外埠市场开拓力度不大，省内市场业务量有所下降，合同

储备量不足。

（二）企业用工及人才培养方面的困难

部分项目部人员流失较大。本年度新增 39 人，减少 69 人，总人数呈下降趋势，究其原因一是部分员工达到退休年龄，二是公司项目有所减少，造成施工管理人才流出。

（三）项目管理方面仍然存在一些不足

项目管理人员的能力不同、水平不同、责任心不同，都会影响企业管理标准的执行，尽管项目管理有亮点，但也有一些不尽如人意的地方。如项目安全管理要引起我们高度重视，质量管理上，一些分公司（项目部）质量管理意识淡薄；成本管控上，部分项目部、建设工程项目缺乏成熟的标准化的成本控制方式；财务资金管理上，资金回笼问题要加强。

（四）建筑业融资难融资贵是一直存在的问题

随着企业规模的扩大，承建工程垫资的需求也逐渐加大，再加上有些项目工程款项拖欠严重，导致资金回笼慢，这成为制约建筑企业发展的一个很重要的因素。

三、相关意见建议

良好的营商环境，有利于吸引资金、技术、人才等各类发展要素的流入与集聚，营商环境的好坏决定了一个地区经济发展的质量和速度。在打造营商环境、助力企业高质量发展的道路上只有更好，没有最好。借此机会，提几点不成熟的建议：

（一）扶持骨干民营企业做大做强

建议实施百强民营企业培育行动，强化要素保障，实施精准服务，着力培育一批十百千亿级民营企业。对主营业务收入每新上一个百亿元、十亿元台阶和首次突破重要台阶的企业，年营业收入超过一定规模且增速超过全区平均增速的商贸企业和规上服务业企业，总部型企业集团和各行各业中财政经济贡献综合评价位居前列的企业，加大奖励力度并及时兑现各项财政奖励政策。同时引导银行等部门创新金融产品，加大金融支持力度，至少做到不抽贷、不压贷。

（二）培育引进民营总部企业

深化落实鼓励总部经济发展的政策措施，加强总部企业认定工作，鼓励区外民营企业将企业总部迁入我区或在我区新注册设立企业总部，支持本地民营企业申请认定总部企业。对经认定的总部企业，及时落实引进奖励、成长激励、人才保障、用地支持等方面政策。如我区建筑业已经初步拟出《泰州市姜堰区建筑科技产业园总部基地入驻条件及奖励政策》，涉及企业入驻、供地、建设、税收、奖励等方面内容，目前该政策正在征求意见和加速推进中，对建筑企业来说是实实在在，看得见、摸得着的支持，政策的出台将为促进我区建筑企业集聚融合发展，促进建筑业对姜堰经济的发展将起到关键性的作用，我们很期待。

（三）优化民营企业融资环境

对建筑企业来说，工程进度款付款周期较长，垫资严重，涉及诉讼多难执行，导致资金压力大。政府投资项目签订合同后有的支付 10%，竣工验收后付款 60%，结算审核后付款 97%，付款周期长；房地产项目垫资更严重，甲方欠款难收，外欠的材料分包诉讼对方直接划款。希望政府搭建有效的“政企银”平台，给予企业金融融资支持，提供便捷的融资渠道，提高企业融资效率，降低融资成本，特别是在市场困难时期给予及时扶助。

（四）保障民营企业合法权益

1. 规范招投标行为，加大标后监管的力度，对投标人的投标报价畸高或畸低的，总报价与各分项报价不能相互对应的，或技术标制作粗糙等，可及时进行询标；对递交无竞争力投标文件的投标人，应记不良行为，限制其参加投标，确保招投标活动有序竞争，维护市场正常秩序，营造公开、公平、公正和诚实守信的公共资源交易环境。

2. 加快推进装配式建筑发展。按照江苏省规定的公共建筑应达到45%的预制装配率，居住类建筑预制装配率应达到50%的标准，如果将预制装配率和预制率相比较，达到这个要求，预制率只有20%左右，每年泰州的市场份额还是比较小的。建议考核目标里面应加以注明预制率的标准。此外，社会上对装配式建筑的竖向连接技术还是比较怀疑，建议政府应加强这方面的监督管理，对专业的吊装人员和灌浆人员进行培训考核管理，多维度推进建筑业转型升级、高质量发展。

3. 推进企业职业技能认定，多关注专业的技能培训，帮扶提升整体水平。希望通过政府的政策引导，能够让企业事项办理更顺畅，为企业高质量发展助力；让投资者在姜堰发展更有信心，促进地方经济发展。

（五）改进工程建设组织方式，不遗余力推广 EPC 工程承包模式

EPC 工程总承包与施工总承包模式相比，能更好地降低项目成本、缩短建设周期、保证工程质量。承包商能充分发挥设计主导作用，这有利于实现施工统筹安排，易于掌控项目的成本、进度和质量。对业主来说，合同关系比传统模式简单，组织协调工作量较小，且责任明确，业主承担风险较低。对承包商而言，承担风险较大，同时获利空间也比较大，EPC 模式在项目管理中的优势明显。

因此建议：

（1）大力推广 EPC 工程承包模式，尤其是泰州市新建的大型交通工程、城市基础设施工程等重大项目均能采取 EPC 模式；

（2）对 EPC 项目给予专项的财税优惠；

（3）对 EPC 项目给予更为宽松的融资环境及条件；

（4）重点扶持一批具有行业带动性及代表性的企业转型为 EPC 型公司，

培育姜堰区重点企业做大做强；

（5）充分发挥行业协会的教育培训功能，培养更多的 EPC 专业人才。

李焕军　锦宸集团有限公司党委书记、董事长

韩祥凤　副总经理

许晓慧　工会副主席

党建引领有力　发展更添活力

——江苏镇淮建设集团有限公司以高质量党建引领企业发展

李兆斌　涂怀军

一、前言

党的建设历来是为党的中心工作服务的。江苏镇淮建设集团有限公司的前身是淮安市镇淮建筑工程有限公司，始建于2003年，2013年10月组建集团公司，是江苏省淮安市唯一一家建筑工程施工总承包特级资质企业，也是淮安市首家获批对外援助成套项目总承揽企业资格的建筑企业。2019年9月在淮安市千家建筑业企业中率先成立集团党委，下辖5个党支部，党员有52人，流动党员28人，入党积极分子60余人。现有职工10000余人，其中各类建造师200余人，各类管理、技术人才500余人。集团以党委成立为契机，发挥党建在集团中的作用，取得了较好的成绩，2021年实现施工总产值98.22亿元、利税超亿元，成为江苏省建筑业骨干企业，综合实力50强。他们的秘密是什么呢？那就是实施了“党建＋现代企业制度、企业文化、社会责任”四位一体、党建引领工程赋能集团高质量发展。

二、特色做法及成效

（一）坚持红色领航，集团政治站位有“高度”

习近平总书记指出，民营企业搞党建不是一种形式的、功利的想法，要真正拥护党的理念，做到心中有党，民营企业的党建工作就大有可为。集团党委书记、董事长李兆斌在企业创立之初就提出，企业无论做多大，走多远，要始终坚持“感党恩、跟党走”的初心不动摇。

1. 建立“一肩挑”，彰显党委政治高站位。在酝酿成立党委时，董事长高度重视，广泛听取党员干部和职工意见，积极宣讲集团成立党委的重要意义，让大家从思想上认识到，民营企业成立党委是践行习近平新时代中国特色社会主义思想重要举措，是贯彻和坚持党的领导的需要，有利于促进集团发展壮大，有利于党员的教育管理和作用的发挥，有利于人才的集聚、挖掘，构建高水平的人才高地。在酝酿党委领导班子时，董事会成员反复研究讨论，干部职工纷纷表示坚决支持党员董事长担任党委书记，“一肩挑”有利于党的路线方针在集团的贯彻，有利于党委提高政治站位，党委发挥政治核心和文化引领等诸多作用，能够把党建和经济建设有机融合，可以助推促进集团高质量发展。

2. 实施“交叉任职”，增强党建经营管理融合度。党委成员通过法定程序分别进入董事会和经营层班子，董事会、经理班子中的党员依照有关规定进入党委会。这样做，能够切实把党的领导融入集团法人治理各环节，把党组织内嵌到治理结构之中，使党组织发挥作用组织化、制度化、具体化。集团党委领导层 6 人，有 5 人是集团董事会、经营层成员。从源头上解决了党建工作与经营管理工作的融合，建立了党建与经营管理工作“同研究、同规划、同部署、同推进、同考评、同奖惩”的“六同机制”，有效避免了“两张皮”现象和“单打一”做法，有利于集团的建设和发展，也为党建工作提供了坚强的组织保障。

3. 推进“党建入章”，建立融通融汇机制。集团党委成立时，就实现“党建入章”，明确了集团重大决策事项先由党委会研究提出建议，再提交董事会、经营层研究，建立了党委议事前置的机制，促进了党委融入集团经营管理的融合度，党委还积极参与集团发展规划的编制与实施，制定了“2020—2024 年集团‘二五’规划”，提出了把集团建设为“全市率先、全省领先、全国创先”的一流骨干企业，成为淮安市最具综合竞争力的一流承包商，与第一个五年计划相比，到 2024 年实现规模、效益和净资产翻番的目标，合同额力争达到 200 亿元，营业额力争达到 120 亿元，利润总额力争达到2亿元，职工收入年均增长20%～30%，确保企业资产保值增值。明确了包括党建强企、人才发展、科技创新、投融资等八个方面的发展规划和目标。

4. 创新监事会工作模式，党委工作增添“亮点”。2022年春节后，集团党委、股东会立足集团发展阶段，对监事会运行模式作出重大调整，紧密结合集团工作实际，集团直属部门推选工作能力强、职工信任的骨干，依法进入监事会班子，并召开了调整后的监事会班子全体会议，党委主要领导参加会议，并对新形势下的监事会工作指导思想、运行方法提出明确要求，为监事会更好地履行监督主体责任提供了遵循。制定出台《监事会工作规则》，监事会工作做到季度有计划、月度有重点工作落地见效。这是集团党委的工作创举，是党委工作创新发展的一个亮点，又多了一个抓手，延伸党建工作的触角，扩大发挥党建引领，增强了针对性，强化了有效性。

5. 助力“一带一路”，党旗飘扬在海外。集团党委提出，要持续深耕细作“一带一路”沿线国家和地区市场，集团工作推进到哪里，党的工作就要延伸到哪里。国家“一带一路”政策，为我们拓展海外市场带来了机遇，在国外项目现场也能看到党旗飘扬，增强海外市场竞争能力，构建经营发展新格局。2021年9月开始，乌兹别克斯坦水泥厂项目生产进入收尾环节，职工回国成了头等重要的大事。受疫情及各方面政策影响，回国的难度和成本居高不下。区域全体施工人员在项目部和海外党支部的坚强领导下，积极统筹、多方争取，逐步分批按计划完成了区域现场人员的撤离回国工作。虽然付出了高昂的代价，但是看到职工们回国的笑脸，一切都是值得的。除此以外，巴布亚新几内亚双子办公楼项目、远景商超项目顺利竣工；乌兹别克斯坦水泥厂项目进入总图施工阶段；科特迪瓦华龙大厦项目主体工程有序开展。与此同时，海外各区域的经营工作和安全生产工作抵挡住了疫情的不良影响，取得了逆势增长的成绩：全年完成新签合同额逾6亿元。这些项目的实施和推进，党员和积极分子都发挥了重要的作用。

6. 开展主题宣传教育活动，汲取奋发有为力量。2022 年，根据中央和省市区委部署和要求，集团党委开展“喜迎二十大　奋进新征程”主题宣传教育活动，把庆祝建党百年激发的爱党爱国爱社会主义热情进一步传递下去，把赋能集团高质量发展的精气神振奋起来，满怀信心迎接党的二十大胜利召开。活动内容包括开展“喜迎二十大　奋进新征程 | 话初心向未来”“我想对党说”短视频、赴大胡庄八十二烈士陵园开展主题党日活动、佘玉龙同志先进事迹报告会、党建赋能高质量发展实践、“我为职工办实事”、企业文化特色创新等。

（二）坚持筑牢堡垒，集团经营发展有“厚度”

党委认识到，打造一流企业，需要一流制度保障，必须夯实党组织战斗堡垒作用，牢固树立“围绕经济抓党建，抓好党建促发展”的理念，以推进现代企业制度为抓手，经营管理水平不断提升，保持持续发展的良好势态。

1. 建立现代企业制度，推进依法治企。集团党委、董事会提出，企业要想走得更远，做得更大更强，必须重视企业管理，而企业管理必须建立现代企业制度。集团制定了《员工手册》《安全手册》《行政管理制度》等，集团每半年就对制度执行效果进行评估，检查漏缺，年底组织专门班子集中修订，始终坚持“用制度管人管事”，把制度覆盖到集团经营管理的方方面面，领导班子成员带头遵守制度、执行制度、按制度流程办事，坚持以上率下，制度挺在前面。现代企业制度的建立对于加强党组织建设，发挥着重要作用。集团党委所属党支部认真贯彻《党支部工作条例》，通过选举配强支部委员会，进一步完善了党支部设置，开展“不忘初心，牢记使命”主题教育和主题党日活动，认真落实“三会一课”，组织党员参加支部活动，加强党员教育，充分发挥党员在企业各方面的先锋模范作用。注重抓好企业“骨干人才”的思想政治工作，动员思想进步、有能力的人，向党组织靠拢。开展专题组织生活会和集团领导班子成员向集团党委述职，为集团大发展“把脉”，党员对照标准查找问题，互相提醒，及时整改，提高集团实力，增强活力，促进发展。

2. 深化改革挖潜力，聚合力促发展。集团每年都要根据面临的内外部环境的变化，适时提出改革方案，2022 年 5 月，集团面对市场竞争环境的变化，提出经营体系改革，整合集团资源，实现资源共享、互利共赢、提升实力。集团从主营业务、建筑设计、投融资等八个方面提出改革思路，制定了改革路线图、时间表，形成了人人肩上有担子，促进了集团发展。2020 年 12 月至 2021 年 4 月，集团根据形势发展的需要，经过 4 个多月的谋划和反复酝酿沟通，完成了运营体系改革任务，集团组织架构由原有的“五大中心”调整为“四部一院”，分别是行政部、经营部、工程部、财务部和工程研究院。通过此次改革，集团迈向“专业化经营＋专业化管理”发展之路，有利于激发组织合力、干部动力、职工活力。着力培养管理者成为集团竞争力的“构建者”、高绩效团队的“经营者”、社会主义核心价值观的“传承者”，为实现“百年镇淮，百亿镇淮”的目标提供强大的组织保证和人才支撑。改革永远在路上，集团下一步还要进行组织体系、职能职责、制度流程、绩效考核体系、薪酬体系等一系列优化，努力实现集团的高效运营。

3. 紧扣中心抓重点，促规范提素质。党委着力把政治优势、组织优势转化为集团发展优势，坚持集团中心工作部署到哪里，党建工作就跟进到哪里。2022 年 2 月，为了建立健全完善集团管理人员选拔任用管理体制和运行机制，提升管理人员的综合素质，培养一支高素质的经营管理队伍，进一步规范集团干部廉洁自律从业行为，加强集团作风建设，维护集团和出资人利益，强化干部“底线”思维和廉洁自律意识，为集团高质量发展提供强大组织保证、人才保证，集团党委出台了《集团干部管理规定》《集团干部纪律规定》，营造风清气正的环境，抵制不良风气，不拘一格发现人才，选拔人才。2021 年 11 月，党委开展调研集团经营管理工作，为经营管理建言献策。出台《党委会议事规则》，为党委发挥政治领导作用提供了遵循。2021 年底，党委配合集团监事会对集团“四部一院”有重点地进行审计，不走过场，不流于形式，及时发现问题，强化制度建设，加强纪律和警示教育，树正气，弘扬正能量，促进集团持续发展。建立党员联系职工制度，职工有想法、建议可以通过党员反映、倾诉，党员、职工心往一处想，劲往一处使，打造“团队文化”。

4. 创新机制，抓引领增实效。党委站在集团发展的战略高度，充分发挥董事会、监事会、工会和总经济师、总工程师、总会计师在集团的作用，创新工作机制和抓手，出台了《集团党委关于加强三会三总师工作的意见》，支持“三会三总师”围绕集团中心工作，结合自身职责，开展挂钩服务工作，发挥联席会议机制“智库、枢纽、帮手、窗口”作用，推进集团发展战略的实施。注重发挥工会、青年文化社联系职工、青年的桥梁作用，开展党建带工建，支持举办企业文化悦享会活动。2022 年元旦前夕，“职工文体周活动”圆满举行，陶冶了职工情操，增强了团结协作的意识，激发奋斗的热情。

5. 党群教育基地，发挥多项功能。经过半年的谋划建设，“七一”前夕，投资近百万元，近 $260m^2$ 的集团党群教育基地揭牌并正式投入使用，2022 年发展的新党员在这里进行入党宣誓，成为教育基地开展的第一项活动。集团党委着力推进教育基地建设，发挥教育基地的政治功能、服务功能、教育功能、展示功能、特色功能。成为集团党员干部、职工的教育场所，成为职工的满意之家、温馨之家，更是展示集团党建和经营管理成果的“窗口”。

6. 党史学习教育，办实事开新局。集团党委贯彻中央、省市区委开展党史学习教育要求，聚焦主题主线抓筹划、紧贴实际严推进、盯住突出问题强发力，提高政治站位、扛起政治责任、强化政治担当，规定动作不走样、自选动作有特色，着力促进学史明理、学史增信、学史崇德、学史力行，确保党史学习教育走深走实、取得实效。通过开展“学党史红色足迹延安行”和“两在两同”建新功——集团党员干部赴横沟寺农民暴动纪念地学习、观看红色影片、为职工办实事解难题等，教育引导党员大力发扬红色传统、传承红色基因，赓续共产党人精神血脉，始终保持革命者的大无畏奋斗精神，上下拧成一股绳，心往一处想、劲往一处使，鼓起迈进新征程、奋进新时代的精气神。市委党史学习教育巡回指导组来集团检查指导党史学习教育，并给予高度评价，认为集团党史学习教育政治站位高、定位标准高、办事效率高。集团党委还提出，要把党员培养成骨干，成为领军人物，要把骨干吸收到党组织中来，增强党组织的凝聚力、影响力。党员在集团生产经营管理中发挥表率作用，他们吃苦在前，遇到困难冲锋在前，在抗击新冠疫情中，党员们高高扛起党旗，奋战在抗疫第一线，做广大职工的主心骨，赢得了职工群众的称赞。2021 年，杨阳还当选市第八次党代会代表。

（三）坚持以人为本，集团人文环境有“温度”

党委始终坚持以经济建设为中心，发挥党组织的战斗堡垒作用，营造和谐奋进的发展氛围。集团党委提出，在非公企业，离开党建搞经营靠不住，离开经营搞党建走不远，只有党建与经营的高度融合，才能持续发展。

1. 集聚用好各类人才。集团党委始终将人才队伍建设作为集团长远大计，实施“人才计划”，建设青年人才库，搭建人才成长阶梯，助力青年员工成长、成才、成熟、成功，实现头雁领航、群雁高飞、群星璀璨，为高质量发展激活力。党委主动参与人才的招聘、推荐、选拔、引进等，通过多渠道建设人才集聚高地，为集团发展储蓄人才，出台了人才引进激励政策，创造待遇适当、保障有力的生活环境，健全多元化人才投入机制，搭建人才与项目对接平台，完善成果项目奖励、津贴相结合的人才待遇体系，激励人才创新创造、拼搏奉献。加强职工培训，树立终生就业理念，每年各方面内训在 15 场次左右，多次组织职工走出去到院校等专业机构，确保每个职工一年至少参加 1～2 场（次）的培训，有效提高职工队伍综合素质，增强职场竞争力。集团人才楼元旦前封顶，进入内部装修阶段，这也是引进人才、留住人才又一项重要举措，深受职工们欢迎，增强了职工的归属感、获得感。建设劳模工作室、技术中心，营造尊重人才、求贤若渴的人文环境。

2. 开展文化凝聚活动。党委会同工会每月开展文化娱乐活动和员职工集体生日会活动，激发职工爱岗敬业，发挥主观能动性，为集团创造价值。近 5 年来，先后组织职工去四川、海南、港澳等地旅游，让职工放松心情，拓宽视野，陶冶情操。2022 年元旦前夕，集团在金陵国际大酒店举办了“扬帆启航”为主题的迎新年晚会，来自各部门自编自演的 15 个节目精彩纷呈，赢得了在场嘉宾的阵阵掌声和喝彩声。2022 年端午节前夕，集团举办“镇在端午　淮粽浓情”职工包粽子比赛。这些丰富多彩的业余文化生活，营造了良好的企业氛围，增强集团的凝聚力、向心力。党委发挥思想政治工作的优势，关心困难职工，着力解决生产、生活中的困难，让职工安心工作。党委在“七一”、春节慰问老党员、模范党员，送去党组织的温暖和关怀，激励他们在各自的工作岗位为集团的发展再立新功。

3. 创建和谐劳动关系。党委结合职工的特点，建立联系沟通制度，哪里有职工需要，哪里就有党员身影，努力把矛盾消除在萌芽状态，职工有思想疙瘩、负面情绪，党委、支部能在第一时间知晓并化解，构建了和谐企业，职工互帮互助，领导关心职工，职工尊重领导的良好企业氛围，商量着办、心贴心干已入心入脑，成为一种文化。集团党委鼓励职工参与集团重大问题、重大决策，重要干部任免、重大项目投资、大额资金使用等方面的讨论和决策，让职工有知情权、参与权。对重大事项在决策执行过程、执行效果等方面，建立了党委书记工作室、总经理接待日制度，有效畅通了职工诉求渠道，也能充分发挥在重大问题决策中的参与和监督作用，促进集团决策的民主化和科学化，维护各方面合法权益。

（四）坚持勇担责任，集团社会形象有“美誉度”

集团党委始终把履行社会责任作为使命追求，融于集团奋斗底色，把履行社会责任贯穿集团建设、改革、发展的方方面面，用实际行动构建良好的社会形象。

1. 关注职工诉求，解决后顾之忧。一是为职工缴纳社会保险和住房公积金。现代人尤其是年轻职工工作压力大，生活上同样面临着压力，职工一旦入职，集团就为职工缴纳社会保险，解决他们老有所养，病有所医，购房有公积金，让职工安心就业，努力工作，增强了职工的安全感、归属感。二是开展爱心帮扶活动。党委工会开展困难职工、困难党员帮扶活动，对家庭困难的职工及家人遇到意外变故的，都能在第一时间上门看望、慰问，解决家庭实际困难，春节前夕，驻石家庄分公司负责人因为疫情不能回家过年，工会主要领导主动登门慰问其父母，送上了大米、食用油等，表达集团领导关爱职工，心里装着职工，牵挂着职工。三是关心职工身心健康，开展心理健康讲座，及时解决职工诉求和心理困惑。每年都安排职工体检。职工后顾之忧解决了，就能安心工作，就能在集团施展才华，这也是集团近20年持续发展的“法宝”，集团在当地的影响力也逐年提升，杨阳当选市党代会代表，还有职工当选区人大代表、政协委员。

2. 热心公益事业，担负社会责任。近几年，集团积极参与社会公益活动，2019年以来，在慈善、抗疫、助学等方面的捐款达近400万元，以及口罩、消毒液、护目镜等实物折合20余万元，连续多年被评为“区慈善爱心大使”“爱心慈善捐赠企业”等荣誉称号。集团青年文化社还组织志愿者参加多项社会公益活动。

3. 承建思政教育基地项目，提升社会影响力。2022年集团承建的全国青少年思政教育核心基地项目总投资1.26亿元，总建筑面积1.07万m^2，于2021年12月18日开工，计划2022年12月底竣工。主要包括综合楼、思政教育馆、运动场、古城墙遗址保护与展示、雕塑广场以及景观绿化等配套工程。该项目是2022年市区重点项目，影响深远、意义重大。集团始终心怀“国之大者”，不断提升政治领悟力和执行力，在时间紧、任务重、要求高的实际情况下，加快推进，确保质量。还不断完善和打磨细节，以“绣花”功夫和“匠心”精神，全力优品质、抢序时、提成效，努力打造精品工程，为全面深入持续贯彻落实习近平总书记重要回信精神、建设好大运河“百里画廊”和全市展示“象征意义”的窗口添能赋力。

风正千帆竞，心齐万事兴。集团党委实施“党建＋3”四位一体、党建引领工程，以“永远在路上”的创新精神持续突破，赋能集团高质量跨越发展，连续多年引领全市建筑业发展前进方向。《淮安日报》《江苏建筑业》、区电视台等媒体多次宣传报道集团工作。集团多次受到上级表彰，被授予“江苏省建筑业优秀企业”“江苏省建筑业最具成长性百强企业”“江苏省建筑业安全生产先进单位”“淮安市五一劳动奖状”等荣誉称号，集团党委被授予“全省住房和城乡建设行业新冠肺炎疫情防控工作先进基层党组织”称号。党委书记、董事长李兆斌获得“全国住房和城乡建设系统抗击新冠疫情先进个人”荣誉称号。

李兆斌　江苏镇淮建设集团有限公司党委书记、董事长
涂怀军　党委副书记

关于南通达欣集团运营情况的调研报告

王邦国　吉久平　吕珊珊

达欣集团具有国家房屋建筑工程施工总承包特级资质、建筑行业（建筑工程、人防工程）甲级设计资质、对外承包工程经营资格，拥有4家控股公司、11个子公司及机电安装、装修装饰、防水防腐保温三个专业施工公司。同时具有地基基础、钢结构、市政工程施工、水利工程施工、园林施工相应资质。施工足迹遍及北京、上海、天津、江苏、湖南、四川、河北、内蒙古、黑龙江、浙江、安徽、山东、新疆等全国十多个省（市）、自治区以及柬埔寨、以色列等海外国家。

2021年以来，在面对经济下行和疫情冲击的双重考验下，集团上下紧紧围绕“做实规模、做优质量、做响品牌”三大任务，以稳促进，以进固稳，企业在逆势中稳步前行。

一、企业发展运行情况

2021年，集团实现施工产值136.9亿元，完成施工面积1423.67万m^2，地方入库税金1.5亿元，疫情下主要经济指标逆势稳进。积极开拓以色列市场，稳步推进柬埔寨市场，完成国外施工产值5446万美元。获“国家优质工程奖”1项、全国用户满意工程4项，全国施工安全生产标准化工地5项，参编行业规范4项，发明、实用专利成果34项，获得全国BIM大赛奖5项。在《工程新闻记录》（ENR）中国承包商80强企业中列第59位，在“江苏省民营200强企业”“江苏省建筑业百强企业”“南通市建筑业三十强企业”分列第132位、第22位、第12位，被评为“中国工程建设诚信典型企业”“全国模范职工之家”“全国工会职工书屋示范点”、连续七年获评“全国安康杯竞赛优胜单位”，达欣党委获得“江苏省住房城乡建设行业先进基层党组织”“江苏省文明单位”称号。

2022年，国内市场有所下行，1～9月完成施工产值70.28亿元，与去年同比下降8.21%；施工面积1319万m^2，增长2.8%，新开工面积285万m^2，受疫情和部分房企“爆雷”的影响，新开工面积下降了20.62%。海外市场稳步增长，1～9月完成施工产值3889万美元，比去年同期增长了26%。目前海外共有17个在建项目，柬埔寨新承接工程项目1个，以色列新承接项目5个，包括新承接的以色列项目地下7层，地上75层。申报“鲁班奖”（参建项目）1项、“国家优质工程奖”1项，“全国施工安全生产标准工地”3项，获省优质工程3项，省新技术应用示范工程8项，省级绿色施工工程2项，省级文明工地4项，省级工法2项，省级QC成果33项，专利34项，省级BIM奖1项。企业获得“ENR中国承包商80强”“江苏省民营200强企业”、江苏省建筑业“百强企业”、南通市建筑业三十强企业、南通市对外承包工程十强企业、“全国五四红旗团委”“海安市建筑行业党建鲁班奖”，马和军获得“全国五一劳动奖章”。

二、面临的困难及发展瓶颈

（一）垫资施工导致资金缺口在持续加大

至2022年9月末，企业外部融资规模为9.3亿元，较去年同期增加1亿元，但还远远不能满足企业正常经营周转的需要。**一是**应收账款的回收无明显改观迹象，房地产市场的低迷导致房企的销售不畅，资金流紧张，进而支付给施工单位的款项迟缓，以物抵款、商票支付现象加剧。**二是**当前的经济形势引起供应商对施工单位的信用度降低，货到后即催着结账，有些直接要求先付款才发货，原有的企业商业信用的利用度在下降，支付压力加大。

（二）施工成本增加造成项目难以盈利

近几年来人工费成本的提高是有目共睹的，国家对产能的控制和排放的限制也导致施工部分主材价在上涨，由于市场竞争激烈，好多诉求并不能得到甲方的认可和支持，在自认的情况下也就形成了项目竣工结算后微利或亏损的结果。

（三）项目承接难，市场风险不易把控

房产市场变冷以及上市公司的高负债运营，其风险很大程度上在向建筑行业传递蔓延。在当前垫资普存的市场环境下，无法获得外部资金的支持也限制了项目的承接。盲目承接只能将企业的资金压力放大，最终无法维持运营。

（四）争议导致的法律风险在增加

近年来，由于建设方的诚信度不够，履约率不高，起诉事件明显呈上升趋势，且胜诉后得不到有效执行，坏账损失的可能性在提升。现金流的紧张，导致不能按照合同约定的时间支付给供应商，被诉讼案件时有发生，账户被保全概率增加。

（五）金融机构压贷的倾向难以避免

针对房地产行业当前形势，金融机构对其相关产业的风险警戒级别在提高，要求企业提供的保证措施在加强。

（六）海外市场不稳定因素依然严峻

受疫情影响，海外市场萧条，市场拓展面临着前所未有的困难，航班稀少，且机票上涨幅度大，公司成本大幅度增加（包括隔离时间及隔离费用），工人来回困难，在国外长期不能回国（近三年），情绪不稳定，存在不安定因素。

（七）企业的基础管理还比较粗放

各工程公司之间发展不均衡；安全生产、质量管理依然不容乐观。

（八）人才储备力量明显不足

关键性人才匮乏、复合型人才偏少。

三、需要的支持政策

（一）在财税政策方面

1. 基于当前房地产及建筑市场形势，银行对施工企业信心不足，互保风险日益凸显，且部分企业已经显露出了压减互保规模的愿望，并逐步在实施。面对这样的形势，请求政府出面协调国有融资平台或担保公司对企业信用良好、有偿债能力（曾多次获得“鲁班奖”“国优奖”）的企业增加纯信用授信额度支持，降低企业间互保带来的风险和避免抵押物不足的尴尬局面。

2. 因施工企业行业的特殊性，职工工资的发放形式普遍采取的是平时预发工资加春节前结清全年工资的模式，所以个税申报只能以平时预申报和全年一次性奖金相结合的方式进行代扣代缴，建议政府部门向上级反映短期内不要取消全年一次性奖金单独计税优惠政策（现政策规定执行期限为 2023 年 12 月 31 日）。

3. 针对当前施工企业每个工程项目都须在当地开立农民工工资保证金账户，建议政府部门向上级反映，对于重合同守信用的施工企业，从国家政策层面建立农民工工资保证金免缴制度，或免保函制度，或在企业注册地人民银行缴纳一定的保证金，出具存款证明后，抵用项目所在地主管部门对民工工资管理而要求缴纳的保证金。一是缓解了当前资金压力，二是减轻了企业的工作负担（当前一项目一民工户，企业疲于应付）。

（二）在资质管理方面

2020 年 11 月住房和城乡建设部印发《建设工程企业资质管理制度改革方案》（简称《方案》）中规定将施工总承包特级资质调整为施工综合

资质，可承担各行业、各等级施工总承包业务。但《方案》发布近两年却迟迟得不到实施，导致达欣集团原计划资质晋升或增项也因此方案搁置下来，承接工程范围受到了很大影响，多个市政项目因达不到资质要求被迫放弃投标。

（三）在岗位证书方面

江苏省对八大员证书考试已停止好长一段时间，虽然在江苏省内项目备案时对证书备案未作具体要求，但在省外投标和备案时各省均出台相应的规定，现阶段企业人员证书不能满足投标和项目备案的需要。

（四）在海外政策方面

1. 近两年政府发布的省级商务发展专项资金项目申报条件逐年提高，如：对外承接工程大项目中的房建领域对外总承包项目的新签合同额从原来的 500 万美元提高到 1000 万美元，2022 年更是提高到了 3000 万美元，而民营企业承接的项目大多数在 1000 万美元左右，基本上失去了申请的机会；另外在审核上也比较苛刻，我公司承接的柬埔寨金百汇项目由我公司与柬埔寨当地公司联合开发，该项目合同达 1.6 亿美元，但多次申请对外承包工程大项目补贴资金均未能审核通过。

2. 目前国内出国人员的意外伤害险额度为 50 万元，不能满足要求；而南通市 2022 年增加的对外投资和经济合作外派人员境外雇主责任险，保费由政府补贴 50%，企业自付 50% 的政策将海安市排除在外。

王邦国　南通市达欣工程股份有限公司常务副总经理
吉久平　经理
吕珊珊　行政助理

通过混改加快民营企业转型升级步伐

——以江苏天成建设集团为例

陈清淮

一、企业发展概况

江苏天成建设集团有限公司成立于1992年，现注册资本31880万元（注册资本在2022年4月由16880万元增至31880万元），目前拥有国家房屋建筑工程施工总承包一级、建筑装修装饰工程专业承包一级、市政公用工程施工总承包二级、工程设计乙级、水利工程施工监理乙级等多项资质。于2020年11月与淮安市交通控股集团签订股权转让协议，成功进行混合所有制改革，现属于市交通控股集团的一级子公司。

公司现有员工近200人，下设15个部门以及4个子公司。近3年，公司加强了精细化管理，企业产值利润显著增长，经营发展情况良好。公司秉承“先人一步”的发展理念，积极投入建筑装配式的研究和生产，是首批认定的淮安市建筑企业技术中心。一直以来，为城市建设和国民经济发展做出了巨大贡献。先后承建的较大工程有：南京清华同方厂房、海南三亚欢乐海岸工程、海南三亚新闻中心、西安融侨城、淮安宏进（香港）农副产品国际物流中心、淮安市新城实验学校、淮安市反腐倡廉教育基地、康泉（南京）仓储有限公司厂房、淮安市清江浦区吴圩安置小区二期工程、现代汽车供应链分拨中心项目工程等。公司还积极探索开拓其他产业，进行多元化发展。一是农田水利工程施工监理；二是高标准农田项目勘测设计；三是工程咨询。

目前，荣获的国家、省、市荣誉有：中国建设协会颁发的“AAA级安全文明标准化工地”、江苏省“重合同守信用”企业、江苏省建筑业优秀企业、江苏省“扬子杯”优质工程奖、江苏省首批 EPC 试点企业、江苏省首批装配式试点企业、江苏省首批信用管理示范建筑企业、江苏省建筑行业质量安全管理先进单位、江苏省建筑科技先进单位、淮安市建筑业最佳企业和“十强企业”、淮安市清江浦区纳税百强企业。

2021 年以来，集团积极融入清江浦区南部新城、北部主城、活力港城的“三城融合”发展战略，成功中标禧徕乐西侧幼儿园项目，实现了集团自主 EPC 项目零突破。

二、企业发展举措

混改前，随着生产经营活动规模的不断发展，仅靠内部积累和自有资金无法保证企业发展的需要，制约了企业的快速发展。进行混合所有制改革，有利于公司获得更多的优质资本、保值增值、提高竞争力，将在资产负债、经营效益和财政税收方面产生积极影响；有利于实现国有资本规范的管理机制和民营资本灵活、适应性强的管理机制有机结合；有利于企业的组织制度、管理制度、考核制度、用工制度、长效激励约束机制、技术创新机制等方面的改革与优化。

混改后的天成集团，不断完善企业治理架构，加快民营企业全面转型步伐，加强党的领导，狠抓企业管理，注重科技引领。公司各项工作齐头并进，逐步完善企业治理架构，提升了企业治理能力。进一步强化制度建设，抓好规范化管理。逐步建立符合国有企业制度要求的企业管理体系，已设置股东会、董事会、经理层、监事会等公司法人治理结构，逐步实现公司规范治理。

2021 年，天成集团利用内控风险评估、指导的契机，初步制定了董事会议事规则、股东会议事规则、三重一大决策制度实施办法等近 30 项管理制度，公司修订了《公司招投标管理制度》等经营管理制度，制定了公司“十四五发展规划”，并全方位接受市交通控股集团监管。对公司组织架构进行全面优化调整，进一步加强团队化设计市场经营组织架构，顶层化设计项目管理组织架构。逐步加强项目施工方案设计、把控，着力打造项目部的工程管理核心职能，有效把控项目计划、项目进度、安全管理、质量和项目业绩。

通过混改，公司进一步加强建筑信息模型技术在项目工程中的有效应用，目前应用于九里悦澜墅酒店项目，现场规划、施工组织与设计优化效果得到显著提升，并计划应用于其他项目。

三、企业发展挑战

（一）项目施工质量及工期进度的管理需进一步加强

2022 年的工作重心主要放在各项管理制度的建立健全和项目的安全文明管理方面，对于质量和工期的管理还没有达到公司要求，虽然提出了一些要求，但是大部分都依靠各项目的自行管理，缺乏统一的施工节点技术规程和针对分包单位的切实有效管理。

（二）对新的发展战略重视不够

市主城区发展新的城市建设定位为我们带来了发展良机，更需要我们主动并积极参与项目的前期策划、谋划，更迫切需要组建多个具有高效、成熟的“拉出去就能打、要打就能打赢”的项目建设管理团队。

（三）对建筑科技发展新趋势估计不足

科学技术是第一生产力。建筑科技，引领未来。但目前，我们仅限于整合设计院、BIM 中心等技术资源，在项目管理过程中以建筑设计院为引领，深入广泛应用建筑综合设计技术 BIM 技术、信息化技术、绿色建造技术、智慧建造技术。如何以智慧标准化管理理念，引入智慧工地技术，做到企业形象标准化、安全防护工具化、文明施工规范化、扬尘控制科技化、项目管理智慧化的新时代标化工地，筑牢建筑业高质量发展基础？我们目前还没能够拿出有效方案。

（四）对企业多元化市场导向分析不透

为更好地减少市场运营风险，我们在坚持主业恒重的基础上，进行了多元化尝试，集团长期以来积极参与农田水利和高标准农田项目的规划设计、工程监理、工程咨询管理，服务“三农”，取得了经济效益和社会效益双丰收。目前正在尝试进行港航及轨道交通的产业拓展研究，不断迈进新领域。但多元化发展面临着：占公司经营的总体比例不高，大部分项目市场竞争力不强，有的项目还刚刚起步，没有形成“拳头性”项目。如果长期得不到改善，将会导致公司精力分散，陷入大而不强、多而不精的状况。

（五）机制僵化活力不够，公司仍缺乏相当数量的管理和专业人才

人才培养和引进的规划上还需要进一步推进，要配合企业资质升级和发展的需要，做到未雨绸缪。十年树木、百年树人，装配式管理和施工团队、BIM 人才、专业设计人员、优秀经营管理团队的培养需要长期的积累，除了主要靠自己培养，还要引进一些优秀的项目管理人才和经营技术骨干。

面对新的形势与挑战，在薪酬体系、人才使用机制、项目管理制度、创新激励上还不完全适应，没有更好地把员工干事创业的积极性调动出来，能者上、庸者让、劣者下的氛围还没有形成。在体现职工个人价值的业务能力、职业发展、个人素养的激活赋能机制上还稍有欠缺，公司通过前几个 EPC 项目的实践运行，凸显出了装配式施工管理团队、BIM 人才、专业设计人员严重匮乏的问题，直接影响了项目利润率。

四、有关建议

（一）鼓励建筑业企业扩大规模、晋升资质，着力培植一批建筑、市政公用、公路、水利水电、机电工程等高等级资质企业，建议各投资平台保证不低于 30% 的重大基础设施建设项目和标段允许联合体招投标。

（二）以基础设施等大项目建设和产能合作为重点，助推建筑企业“走出去”，广泛参与外埠项目建设，推进本地建筑企业与央企、省属企业联合开拓海外市场。建议市级层面的合作，把本地建筑企业带着走出去，创造合作机遇。

（三）国有投资大型公共基础设施项目应有市优质建筑企业参与建设；国有投资（限额以下）不招标项目优先选择市优质建筑企业作为发包对象；鼓励市骨干企业参与政府投资非营利性工程建设项目建设；着力加强市国有控股建筑企业能力建设和规范化管理，支持国有控股建筑企业依法承接国资公司建设的非财政性资金经营性项目。建议在招标文件制定时，应尽量增加本土企业参与竞争机会，数量不应低于 30%。如本地国有控股建筑企业在 EPC 项目招投标中能够进入定标环节，建议优先定标给本土企业。

（四）鼓励提高装配式预制构件使用比例，达到标准（具体为混凝土装配式居住建筑预制装配率达到 60%、公共建筑预制装配率达到 55%，装配式钢结构住宅、装配式木结构建筑预制装配率达到 80%）的新建装配式建筑项目的设计和施工招标可以采用邀请招标方式。建议发改委在项目审批时核准招标方式。

陈清淮　江苏天成建设集团有限公司办公室兼党群部主任

通过创优获得的新生

——江都建设西安公司创优工作调查

杜国平　肖庆生

江都建设西安公司在西安市场16年里先后获得8项国优、6项鲁班奖、1项詹天佑奖，此外，还先后荣获69项西安市“雁塔杯”，53项“长安杯”和江苏省外“扬子杯”，以平均每年1项国家级优质工程奖项进账，这绝对算个奇迹。但让人难以想象的是，这是一个曾经面临出局的企业创造的。江都建设西安公司经历了怎样的“凤凰涅槃”，他们怎样实现这一奇迹的，笔者进行了深度调查。

一、逆势翻盘：质量是企业之魂，创优救活了企业

江都建设西安公司在1998年前由于多种原因，在陕西建筑市场的经营举步维艰，已经到了濒于出局的状态。以孙盛武为首的新领导班子1999年临危受命，以江都建工局副局长身份前去主政。在调查了市场、分析了企业当时状况后，他们制定了“三年重振、五年做大、十年做强”的阶段目标。针对当时的经营状况，及时制定了“质量救企、质量兴企”的企业发展方针，实施目标的切入点就是以提高工程质量为抓手，三年内要获得1项西安市“雁塔杯”和1项江苏省外“扬子杯”；五年内要拿到1项陕西省“长安杯”；十年内必须创建1项国家级优质工程。

这个目标对于当年一个濒于出局的外地企业的分公司来说，简直是“天方夜谭”。从外部环境看，西安市“雁塔杯”每年总数就不超过40项，陕西省“长安杯”不超过30个，市场强手如林，竞争非常激烈，不仅陕西省建工系统十几个独立法人企业呈现出强劲的增长态势，还杀进了“浙

江中天”这样的强劲对手，更何况“鲁班奖”在陕西省也不是每年都能评上一个。从内部条件看，西安公司当年的在建工程只有 4 个、年完成产值仅 9000 万元，工程质量水平基本处于西安建筑市场中等水平，在市场上就更谈不上有什么知名度了。

空谈误国，实干兴邦。西安公司经理孙盛武立即组织分公司全体班子讨论实施方案，他们围绕目标落实项目，建立质量管理制度、奖罚制度，建立分公司自己的质量创优标准、质量管理体系和岗位责任制度。针对当时的具体条件经讨论决定，将实施项目的重点放在成立不久的西安高新开发区，因为在相当的一段时期内，那里必将是西安乃至陕西的主要战场，先在那里打造窗口工程。通过不到 3 年的努力，2001 年西安高新开发区的欧锦园和建信广场两项工程荣获西安市“雁塔杯”，提前和超额实现了西安分公司“三年获得 1 项雁塔杯”的目标。

由于分公司的不懈努力，江都建设在高新区的工程质量连续 3 年处于区内领先水平，获得了区主要领导和相关主管部门的认可，在开发区排名达到了始终与浙江中天交替第一、二名状态。入区单位只要到管委会了解施工企业，相关部门都会把江都建设放在被推荐之列。西安公司通过三年的“卧薪尝胆”，持之以恒的质量创优彻底改变了江都建设在西安市场的形象，赢得了一批有影响的工程，西安公司的总产值从 1999 年的不足 9000 万元，稳步增长到 2001 年 4.86 亿元，实现了第一阶段“三年重振江都建设形象”的目标，用优质的质量救活了企业，给企业注入了新的活力。

二、勇于登顶：志在创精品，首夺“鲁班奖”

西安公司靠质量创优赢得了一定的社会认可度，得到了省市建设行政主管部门的一致好评，2000—2002 年他们连续在开发区承接了一批有影响的工程，其中国际商务中心是当时管委会最大的项目，高新创业广场是管委会的新办公大楼。在良好的外部环境下，西安公司及时调整目标：“继续扩大战果，利用在手的规模工程，向精品工程发起冲击”。

在得到集团公司的支持后，西安公司成立了以孙盛武为组长，严兴贵、肖庆生为副组长等 7 人参加的创优领导小组。创优小组针对西安国际商务中心和高新创业广场两个工程，从工程的用途、设计标准、技术含量、创优的难易程度等方面进行分析对比，最终确定两项工程同时向国家级优质工程冲击。历经 3 年磨炼，他们通过派出学习、请专家指导、多方合作的方式，于 2005 年高新创业广场荣获“鲁班奖”，也是外埠在陕企业第一个“鲁班奖”。2006 年，国际商务中心也成功地获得了“国家优质工程银质奖”。江都建设在西安顿时引起了轰动，多家媒体对创优事迹争相报道。由于鲁班奖的获得，产生的社会效益达到了从未有过的高度。

三、乘势而上：常态化创优，实现从“被动”到“主动”的蜕变

西安公司在获得一项“鲁班奖”后信心倍增，兴奋之余他们冷静地进行了阶段总结，重新调整了质量管理的目标，再不以几年获几个什么奖项为目标了，他们对工程创优进行常态化管理，由此带动企业质量水平整体提高。2005 年，分公司制定了工程创优常态化的质量管理制度，即分公司每年都要有不少于两个工程按国家级优质工程标准进行培植，储备未来三年国家级优质工程申报项目，把培植优质工程和国家级精品工程作为一种惯性的制度。西安公司对每个中标的规模项目，都要进行创优评价，一旦认为符合创国家级优质工程条件，就进行着力培植。而且同时储备不同类别的项目，一旦到申报之年比较哪类项目申报更为有利，就挑选哪个项目去申报，就能比别人更有竞争力。自此，西安公司的创优从过去“被动”阶段，发展到一个“主动”阶段，自觉自发地打造企业的“创优文化”。

西安公司通过创优活动，普遍带动和提高了全分公司的施工质量水平，连续多年在手工程一次验收合格率达到 100%。自 2005 年以来，由于他们有成熟的“鲁班奖”申报经验，做到“常备不懈，以逸待劳”，大大

提高了入围和申报的成功率。在2005—2012年的7年期间，西安公司的创优工作实现了一个良性循环，也达到了一个高峰，先后夺得5个国优、5个“鲁班奖”和1个“詹天佑金奖”。荣获中国建筑业协会授予的“创鲁班奖工程特别荣誉企业”和“创鲁班奖先进企业银奖”称号，由于西安分公司在工程创优方面取得的骄人业绩，分公司每年都被江都市（区）、扬州市政府评为先进单位，多次被陕西省和中建协评选为质量管理先进企业。他们的党支部每年都被评为先进党支部，并被江都市政府记集体三等功。

回顾西安公司二十多年创优路，分公司总工肖庆生对创优有着深刻的理解和体会：“一年创优，靠热情、靠运气；三年创优靠管理；五年以上连续创优，要靠文化。”当然，从“被动”到“主动”，是有一定的过程的，这种“主动”状态的实现，包含了以下内涵：

（一）主要领导强烈的创优意识

企业重视和领导者决心是质量创优的关键因素。西安公司经理孙盛武对于创优工作近于痴迷，他对工程创优的强烈意识和高涨的热情，是西安公司工程创优的动力源。同时，作为西安公司的创优大户第一分公司的经理严兴贵，也是一位值得敬重的创优达人，只要把创优目标安排在他的分公司，他从来不讲任何条件，不惜一切代价，有时还主动请缨，一门心思想的是怎样创建成功，为西安公司的工程创优做出了突出贡献。

（二）创优目标制度化

自2005年开始，西安公司的工程创优不再制定阶段性目标，而是将创优制度化、常态化，无论集团给不给下达创优指标，西安公司每年都力求同时选择几个不同类别的工程，进行培植国家级优质工程。创优是西安公司的一项长期的、制度化的工作，是西安公司自己的制度，也是从西安公司到所属各分公司的共识，因此他们每年都有工程申报，都有后三年优质工程申报的项目储备，这已经成了西安公司工程创优的惯性做法。

（三）质量创优体系常态化

西安公司成立的以孙盛武为组长，严兴贵、肖庆生为副组长的创优领导小组，以及各分公司的创优小组，是独立于日常质量管理的常设机构，负责在工程创优方面的“立项评价、组织培训、创优策划、样板确定、过程监察、竣工前创优专门验收、组织申报”等具体工作。这个从西安公司到所属各分公司，直到创优工程项目部的质量创优体系，从2002年成立以来，已经逐步覆盖所属的各个分公司，虽然成立近20年，但是主要骨干人员没有多大的变动，这个体系的成员有：主体结构、建筑装饰、设备安装、工程资料、多媒体制作等方面的一批人才。他们每年都参加“鲁班奖”“国优奖”和陕西省组织的精品工程研讨会，组织参观学习每年“鲁班奖”“国优奖”和“长安杯”获奖工程，不断丰富和更新这个体系人员的创优知识，提高自己的创优水平。同时，通过把工程中创新的做法推广和普及到全公司所有施工项目，使西安公司的整体质量水平不断提高到新的水平。

（四）制度常态化

1. 创优保证金制度

针对投标承诺有创优目标的工程、合同有创优要求的工程以及西安公司确立的创优项目，一律实行创优保证金制度。对创优目标工程每平方米建筑面积扣创优保证金：市优1元、省优2元、国家级3元。实现创优目标的项目，保证金予以退还，否则创优保证金即被统筹，转入质量激励基金账户。

2. 表彰与奖励制度

给予获奖工程每平方米颁发奖金：市优1元、省优2元、国优3元、鲁班奖5元。同时，对参与创优的分公司、项目部及个人，在各级评先、评优、职称申报中优先推荐。

3. 人工费优质优价制度

优质工程，看重的是施工质量优良，而不是靠高档用材堆砌。优质的工程质量必然对操作工人的技术水平有较高的要求，同时工效和质量要求成正比。经过多年总结，西安公司对关键部位、主要工序的常见分项工程的人工单价，按创优的级别分成了市优、省优、国优三个标准，实行三个价格系数。实行优质优价是工程创优科学管理的重要举措。

4. 关键工序专业化作业制度

在创优过程中，将影响工程最终质量的楼板管道洞封堵、厕所厨房防水层施工、水泥砂浆楼梯面层施工、地下室清水混凝土地坪施工、水泥砂浆屋面保护层施工等列为关键工序。多年来，通过对上述专业施工项目进行技术攻关、专业队伍施工和精心打磨，积累了一批品牌做法，培养了一批具有专业特长的操作工人。实行专业化施工为提高工程整体质量和验收成优率提供了技术保证。

5. 精品工程策划制度

他们始终坚持创优工程策划在先，一旦创优工程确定，西安公司总工办立即编制《创精品工程策划指导书》，项目部负责根据指导书进行具体排版、细化，编制《创精品工程策划书》，经创优领导小组组织专家讨论确定后，最终经西安公司总工程师批准，项目部组织实施。策划书的水平要保证代表当年省内或国内先进水平，一旦讨论通过经分公司总工批准，施工现场就不能随意更改，除非有新的、更好的做法需要局部调整策划书，但仍须履行报批程序，保证了创优策划的严肃性。

6. 样板先行制度

样板制度，是工程创优的关键程序。样板做成后，必须经过专家评价，进一步修改完善后，作为全面施工的样板。样板的作用是引路，因此，不得由于相同的分项工程所在的位置不同、施工的队伍不同，而造成与样板做法和质量标准不同。

（五）技术创新常态化

西安公司在技术创新方面始终重视并舍得投入，着力于研究和开发新技术、新工艺，应用新技术提高质量品位，形成了自己的质量特色，研发的多项创新技术成果，在行业内被广为使用，为行业的技术进步做出了一定的贡献。例如，西安公司在“鲁班奖”工程九座花园开发的“屋面找坡（保温）层水汽暗排的研究”课题，取得的成果彻底改变了《平屋面建筑构造（一）》99（03）J201—1 和《屋面》陕 02J 02 标准图做法，完全消除了找坡（保温）层排气明管受扰动和拔管后防水层修补不严而产生屋面渗漏的隐患；极大提高了屋面装饰的整体美感；为楼内住户提供了更宽阔舒畅的活动场所，尤为适用于住宅楼上人屋面。这项成果已经在陕西省大面积推广应用。近 20 年来有 30 多项专利、QC 成果和工法，在工程创优过程中诞生。通过技术创新，使建筑工程在使用功能、耐久性、人性化和美观方面赋予了新的内涵，形成了自己的质量特色，为创优工程增加了质量亮点。

（六）粗粮细做和工艺创优

创优的工程在设计方面，不一定都要选用高档的材料。如果把最普通的材料通过策划，在工艺上、细部做法方面做一些创新，同样能够获得非常好的质量效果，而且更能打动人。比如：水泥砂浆装饰面层裂缝、空鼓、起灰、跑砂、颜色不均匀，是长期困扰施工企业的质量通病，一般企业不会大面积采用水泥砂浆装饰的工程去创优。

近几年，针对水泥砂浆装饰面层通病进行了持久的探索，取得了令人满意的成果，开发的“呼吸式水泥砂浆保护层屋面施工工法”荣获省级工法。江都建设西安公司的水泥砂浆楼梯，是陕西同行们公认的江都品牌做法；“大柱网结构的地下室混凝土地坪裂缝控制”课题荣获国家级 QC 成果。江都建设西安公司把在水泥砂浆施工技术攻关方面取得的成果，成功地应用于创“鲁班奖”工程，把一栋设计用料为水泥砂浆屋面、水泥砂浆楼梯、2 层水泥砂浆地下室地坪，12.6 万 m^2 的商品住宅楼——西安捷瑞苑住宅楼，以“粗粮细做、工艺创优”为质量特色，受到了“鲁班奖”复查专家的高度肯定，荣获 2011 年度“鲁班奖”工程。该工程被陕西省建筑工程质检总站、陕西省建筑业协会，推荐为“粗粮细做、工艺创优”的典范，成为 2012 年度陕西省创精品工程研讨会的主要观摩工程。

创优文化，是一个企业广泛性、系统性创优精神的体现，是企业在工程创优过程中形成的以质量创精品为核心的独特管理模式。江都建设西安公司在二十多年的创优历程中，从最初以“被动”提高工程质量水平，重塑企业形象立足市场为目的，逐步转变为现在制度式的“主动”创优常态，初步形成了创优文化，树立了良好的品牌形象，使企业获得新生。

杜国平　江苏江都建设集团有限公司董事会秘书
肖庆生　江都建设西安公司总工程师

典型案例

用诚信铸造建筑铁军之魂

陈　颖

一、案例背景

南通四建集团有限公司创建于1958年，从地方国营建筑公司起步，经过政企体制调整、股份制改革、集团化运作，现已发展成为跨行业经营、跨区域发展的大型建筑企业集团。六十年的春华秋实，六十载的栉风沐雨，六十年的拼搏进取，六十年的锐意创新，南通四建始终恪守“诚信为本”的经营理念，自觉遵守国家法律、法规，尊崇社会公德、商业道德和行业自律规则，规范运作、及时足额纳税，维护发包方和债权人权益，全面履行合同，反对不正当竞争的行为，努力与社会各方构建诚信互利、平等共赢的合作伙伴关系。

二、案例内容

（一）诚信管理总体思路

对建筑施工企业来说，工程质量是企业的生命和灵魂，合同履约诚信是企业赖以生存和发展的关键。南通四建从战略高度重视企业信用建设，采取多种途径，把诚信经营理念融入企业自身发展、生产经营和信用文化建设之中。

建立健全合同管理体系，有效防范和控制合同风险；实行分承包商信用等级管理，建立内部黑名单制，定期评级更新；严格履行与建设单位、分包单位、劳务企业、材料供应商的合同签订，坚决维护劳务工人的合法权益。发挥引领示范作用，多管齐下保障合同履约，是南通四建践行诚信发展的基石。

（二）诚信建设落到实处

1. 把诚信建设落实到文化制度中

（1）诚信是一种文化，是一种价值观念

广教育宣传于行动中实践。诚信对个人而言，是高尚的人格力量；就社会而言，诚信是正常的社会程序；对企业来讲，它是一种无形资产。充分利用公司的信息化平台及各种载体大力宣传各类诚信事迹，“道德大讲堂”“七一党课”“博思讲堂”等形式多样的诚信活动，将诚信内化于全员心中，落实在工程质量管理精益求精的追求中。南通四建的“鲁班奖”数量位于全国前列，“鲁班奖”十年冠的罕见业绩让南通四建品牌更是成就了建筑行业的金字招牌，彰显着公司的诚信本色。

（2）诚信是一种工作准则，是一种制度确立

诚信管理是企业管理的一项重要工作内容，通过建立相应的制度和激励机制，加强管理人员学习培训工作，与市场接轨同步提高管理水平。每年工商、税务部门、法律顾问定期传授信用管理相关知识，把“诚信为本”的理念作为一种社会责任，贯穿经营全过程。

2. 把诚信建设落实到生产经营中

（1）合同履约建设是经营诚信的重要环节

建立健全合同管理体系，形成集团总部、区域公司、专业分公司、项目部四级合同管理系统，建立健全市场开发、招投标、合同签订各过程合同评审制度。为有效防范和控制合同风险，公司对重大工程项目的内部评审专家组进行了科学调整、细化分工，提示合同风险，加强不同层级合同交底和反馈；通过公司的信息平台负责管理和监督下属基层单位对外经营活动中业务洽谈和合同签订、合同履行等工作，并对每项工程合同履约实行动态管理。

（2）合作伙伴定级管理是经营诚信的有效手段

项目施工总承包管理是一项系统性工作，除总包方外，涉及多项专业分包、劳务班组等多达十余支管理及作业团队。要确保项目有效履约，既

要保障自身管理到位，更要宏观协调、微观处理好各方权益。公司定期对合作单位，尤其是专业分包商进行信用评定，重点对其履约情况、实力、信誉要素进行综合检查、分析评价，建立内部诚信档案，设立黑名单制，动态管理信用级别，实行集团信息共享，对强化合同有效履约起到良好的助推作用。

3. 把诚信建设落实到客户满意服务中

通过 13 个区域公司，深耕各地经营市场，采用经营互访、座谈会议、市场调研、回访保修、顾客满意度调查（信誉卡）等方式，加强对客户的满意调查和服务。集团公司、区域公司、专业分公司均设立专人处理项目施工联系函、其他来函及投诉，达到 7 天一个闭环，一月必须解决的硬性指标要求，对处理结果进行跟踪、做好客户服务，体现大公司的诚信和担当。

4. 把诚信建设落实到社会责任中

（1）守法经营、关爱员工。

公司以诚实守信为企业核心价值观，依法纳税，使经营者、管理者和员工都具有较强的诚信理念和信用风险意识。公司严格执行《劳动合同法》，坚决维护职工合法权益，确保公司的薪酬较高于社会平均水平，让员工获得更高的企业认同感和自豪感。

打造公司利益共同体，在全国首创了独具特色的股权流转机制和股东进退出机制，把公司股权牢牢掌握在在职在岗的优秀党员和骨干手中。

（2）热心公益事业，帮扶永远在路上。

南通四建始终积极投身社会公益事业（图 1），通过多种形式、多种渠道为公益事业贡献力量，赢得了良好口碑。其中既有内部帮扶解困，也有外部济困救助，有身先士卒的抢险救援，也有广泛动员的社会公益活动，累计内外捐款已超过 3000 万元，在江苏省全省道德风尚高地建设活动成立“南通四建慈善基金”。公司所有公益支持都纳入财务预算的年度计划当中，是公司主动、长期、系统坚持的一项措施。

2020 年抗疫期间，公司向南通市通州区红十字会定向捐赠 100 万元，用于通州区新型冠状病毒感染的肺炎疫情防控；向广东珠海定向捐赠 5 万元，用于慰问来自广东、湖南、四川、贵州等地的珠海新冠疫情临时定点收治医院应急改建工程建设者；向武汉疫情防控一线的第四批国家中医医疗队捐赠物资、罐头酱菜牛奶等 10000 多件、改善医疗队人员的伙食；向马来西亚沙巴州政府捐赠了一批疫情防控物资、3.5 万个口罩、1500 瓶消毒液等价值 8 万多元、协力同心抗击疫情。

图 1　公益事业

（3）区域带动，助推地方经济发展。

建筑业是富民产业。公司积极为社会创造就业机会，自有职工近万人，是地方龙头企业，直接或间接带动地方就业数十万人，每年纳税额位列前茅，为地方经济发展做出重要贡献。

近年来，以公司为龙头企业，带动成立 B2B 电商采购平台“筑材网”，也是诚信经营在大数据时代下的市场新作为。借助南通四建等特级资质企业强大的资金实力及行业资源背景，针对目前建筑行业建材采购信息不对称、监管不足、以次充好等各类问题，筑材网力求打造高资质、高信誉的建筑领域采购联盟，实现集中采购，降低采购成本，最终达到提高交易透明度、提高交易效率、减少交易成本、规范交易流程的目的，成为建筑业创新交易模式的实践先驱。

（三）诚信履约铁军风采

针对建筑工程流动分散、条件艰苦、施工战线长、管理跨度大的特点，南通四建将诚信贯穿项目建设的全过程，形成和实现于各个阶段和环节，与质量、进度、安全管理相融合。

1. 港珠澳大桥中的南通四建身影

港珠澳大桥是连接香港、珠海、澳门的超大型跨海通道，被称为“世纪性工程”，南通四建负责承建其澳门口岸的桩基和珠海口岸（图2）Ⅵ标段货检区工程。项目单体多、区域广、时间紧、标准高，为有效推动项目顺利进展，诚信履约，公司高层领导挂帅督导、地区公司经理坐镇指挥、项目经理身先士卒，通过深入加大总承包管理力度，激发全员工作热情。更值得一提的是，2017年8月，珠海口岸历经“天鸽”“帕卡”双台风肆虐，又深受强热带风暴“玛娃”洗礼，期间项目部曾先后两次全岛撤离，对整体工期造成严重影响（图3）。如铁的雄关漫道练就如山的铁军风范，极致之艰难方显南通四建人坚如磐石的决心与坚不可摧的毅力。面对前所未有的困难与压力，项目部全体建设者携手同心、不惧挑战、咬紧目标、坚持不懈，终于如期实现了预期施工目标。该标段项目已荣获“广东省金匠奖”“2018—2019年度鲁班奖”。

图2 港珠澳大桥珠海口岸实景图和施工图

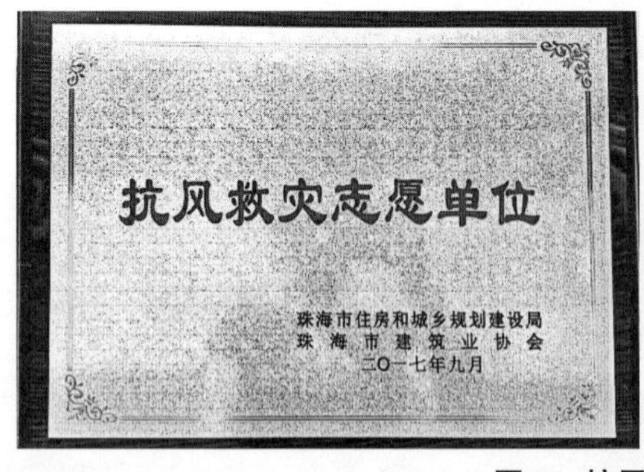

图3 抗风救灾在行动

南通四建是“珠海市文明企业”“广东省 AAA 信用企业”，2020 年 12 月，公司被江苏省住房和城乡建设厅与省政府驻深圳（广州）办事处联合表彰在深圳等经济特区建设中作出突出贡献，被评为“江苏出省施工先进单位”。

2. 南通市一号工程“南通国际会展中心”高质量交付

在南通市中央创新区美丽的紫琅湖西北之侧，一座气势恢宏的现代化会展中心已经悄然落成，这就是公司历时 11 个月，完成了投资额达 15 亿元的南通市一号工程“南通国际会展中心项目”。

南通国际会展中心（图 4）项目施工难度大、质量要求高，公司举全集团之力，从上海、南京、苏州、珠海等地抽调精兵强将组成五六千人的项目团队，科学调度人员、材料、机械等资源。公司专门成立了项目临时党支部，充分发挥党员职工的先锋模范作用，为工程质量和安全提供了有力的组织保障。

图 4　南通国际会展中心外观

为如期高质量完成这一重大项目，项目部全体人员奉献激情，决战三百日，各专业单位齐心协力，发扬持续作战、不惧疲倦的铁军作风，发扬攻坚克难、迎难而上的鲁班精神，彰显公司擅打硬仗、敢于攻坚的企业文化和团队力量，向市委、市政府，向全市人民递交了一份满意的答卷。

作为当代中国会展场馆建筑的杰出代表与典范之一，该项目的技术成果经整理打磨，经中国建筑工业出版社正式出版了《会展场馆建筑施工技术与管理创新》一书。工程获得 2021—2022 年中国建筑最高奖——“鲁班奖”，项目两个大单体“会议中心”和“展览中心”分别获评“中国钢结构金奖”。

3. 铁军战“疫”勇担当

（1）15 天建成南通“火神山”。

2020 年初的新冠疫情牵动着全国人民的心。作为南通建筑铁军的发源地之一，南通四建在疫情防控斗争中勇当战“疫”铁军，在全国多个城市参与应急医院的改建扩建工程施工，10 多支“南通四建党员突击队”日夜战“疫”，构筑疫情防控的坚固“长城”。

疫情就是命令，防控就是责任，近 4000 名建设者日夜奋战，15 天内抓紧建成隔离病房扩建工程。自接到任务后，集团高管团队连夜作出部署，成立集团工程指挥部，由总经理担任项目总指挥，调集集团旗下多家建筑安装分公司以及装饰、智能化等专业团队的精干力量，成立“党员突击队”，实行 24 小时不间断作业，多方协同配合，合力攻坚，南通版“火神山”医院如期完工（图 5）。

图 5　南通应急隔离医院建设

2020 年 12 月，住房和城乡建设部召开全国住房和城乡建设系统抗击新冠疫情先进集体和先进个人表彰大会，公司作为江苏建筑施工企业的唯一代表受到住房和城乡建设部表彰，被授予“全国住房和城乡建设系统抗击新冠疫情先进集体荣誉称号”。

（2）唯一入沪援建方舱外省建筑企业。

2022 年 3 月底，上海遭受新冠疫情迅猛冲击，企业所在地南通也第一次受到疫情波及。2022 年 3 月底至 2022 年 4 月中旬，公司接到南通市、通州区市委市政府命令，迅速完成了两个方舱改建（合计约 1100 张床位）和地方健康驿站（400 床位隔离点）建设；2022 年 4 月 5 日，因抗疫经验丰富且为外地进沪施工企业信用分第一，公司作为唯一参与的民营建筑企业，被上海市委、市政府紧急征召，火线入列参战，2500 名全国各地南通四建将士驰援上海，承建上海规模最大方舱——上海国家会展中心 1 号馆方舱 9000 多张床位和配套设施的建设任务（图 6）。

图 6　上海国家会展中心 1 号馆方舱建设

2022 年 5 月 26 日，上海市住房和城乡建设管理委员会、国家会展中心方舱项目指挥部给南通四建集团有限公司发来感谢信，对南通四建紧急驰援建设上海最大方舱医院——国家会展中心（上海）方舱医院表示感谢。

三、案例取得的成效

1. 诚信建设成效显著

六十多年的诚信经营，南通四建共获得中国建筑工程最高奖“鲁班奖”32 项，国家优质工程 20 项，“詹天佑奖”6 项，另有 800 多项省级以上优质工程奖。南通四建是国家“守合同重信用”企业、“全国文明单位”，是首批全国建筑业协会 AAA 级信用企业、中国施工企业管理协会 AAA 级信用企业，连续多年被评为中国工程建设诚信典型企业、信用星级 20 颗星全国领先。此外，南通四建是江苏省建筑业综合实力百强企业，江苏“守合同重信用”企业、“江苏省文明单位”，综合实力排名一直位居江苏省建筑业企业前列（图 7）；公司在上海市场连续三年被评为“全国进沪企业唯一无拖欠农民工工资单位”，在江苏省信用管理示范建筑业企业名单中名列前茅。

2021 年 6 月，在党的百年华诞之际，南通四建集团有限公司党委被中共中央表彰为“全国先进基层党组织”（图 8）。

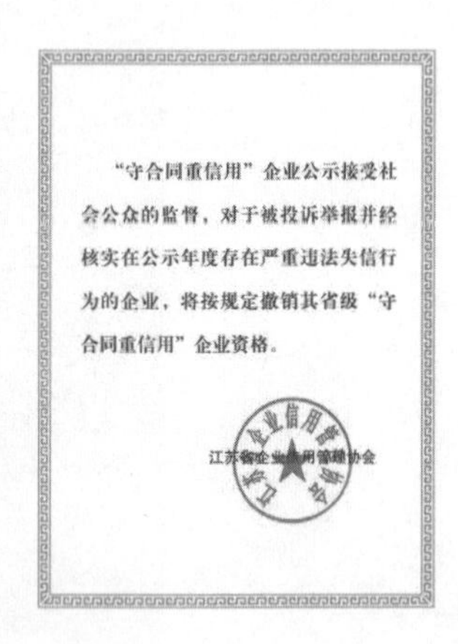

图 7　信用星级证书　江苏省守合同重信用企业

图 8　全国先进基层党组织

2. 质量环省行庄严宣誓

2019 年 3 月 15 日，南通四建受邀参加了江苏省质量协会“第十三届质量诚信环省行”活动，被授予“诚信经营服务先进单位”（图 9），南通四建与其他获奖企业向社会庄重宣誓：制造优质产品，坚持诚信立企；维护市场秩序，依法依规经营；优化消费环境，满足百姓需求；履行社会责任，促进社会和谐；铭记服务宗旨，弘扬企业精神；接受人民监督，提高职业品德。

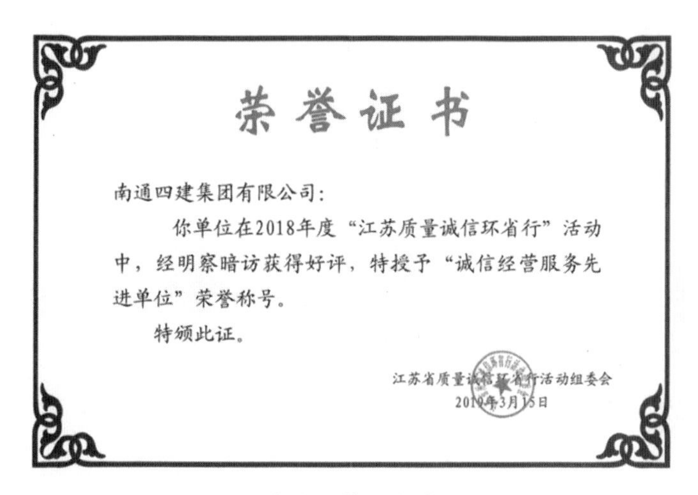
荣誉证书

南通四建集团有限公司：

你单位在2018年度“江苏质量诚信环省行”活动中，经明察暗访获得好评，特授予“诚信经营服务先进单位”荣誉称号。

特颁此证。

江苏省质量诚信环省行活动组委会

2019年3月15日

图 9　诚信经营服务先进单位

四、总结及展望

“承鲁班精神，创百年老店”是深植每个南通四建人心中的愿景，南通四建将一如既往地秉承诚信为本的信念，不断打造精品工程、推动南通四建“百年老店”的发展宏图。在取得良好的经济效益与社会效益的同时，创建了一个诚于内、信于外，诚实守信、诚信兴业的诚信企业形象。

陈　颖　南通四建集团有限公司企业管理部职员

党建创优助力发展创效 “一带一路”上扬帆远航

宋勤波　孙光能　于　清

一、案例背景

党的十九大开启了全面建设社会主义现代化国家的新征程。国有企业作为党和国家最可信赖和依靠的发展力量，在贯彻习近平总书记新发展理念、弘扬“一带一路”倡议、实施国家“走出去”战略、壮大综合国力、构建人类命运共同体的伟大实践中，党建工作特别是海外党建工作是国有企业报效祖国、并实现自身高质量发展强有力的组织保障。

作为江苏省外经事业的排头兵，中国江苏国际经济技术合作集团有限公司（简称“中江国际”）经历40年的艰苦创业，国际工程业务遍布亚洲、非洲、大洋洲、南（北）美洲，海外业务比重和驻外人员数量不断增加。集团党委深刻认识到海外党建工作不仅不能弱化，更应是提升企业海外业务水平、促进企业高质量发展和增强竞争力的强有力保证。

面对迥异于国内的当地政治、法律、宗教、文化等意识形态环境，集团党委积极探索海外党建开展的有效途径。综合考虑海外党组织存在的共性问题，包括党的组织机构建设相对薄弱、部分领导干部缺乏党务工作的专业知识和实践能力、党建活动创新性不强等因素，同时受到从国内到海外空间距离增大、组织管控力度递减的影响，以及当地自然条件、安全因素、通信条件等客观环境的影响，员工远离家乡、孤独寂寞、工作劳累等生理心理因素的影响，人员流动、党务人才缺乏、业务工作繁忙的影响等，从内容到形式、从手段到方法上努力寻求突破，创新打造、持续擦亮“党建创优　发展创效”“一带一路上的心灵家园”等特色党建品牌。

二、主要做法

（一）高位推动引领海外党建

中江国际集团党委在认真贯彻落实中央、省委省政府决策部署和省国资委工作要求的同时，主动融入“以国内大循环为主体，国内国际双循环相互促进”的新发展格局，抢抓“一带一路”倡议新机遇。党委班子严格落实班子成员双重组织生活，结合集团“走基层、转作风”要求，班子成员与各国别公司分别建立基层联系点，树立海外党建旗帜。以区分层次系统学、贴近基层粘合学、发动先进典型引领学、创新载体灵活学等方式，激发学习热情、强化政治功能。

在机构调整后，抓好区域公司“牛鼻子”，集团领导常态化深入一线，紧密联系生产经营，指导党建工作开展。海外党员直接聆听集团党委的声音，增强感染力和凝聚力。

（二）融入发展抓实海外党建

近年来，严峻的国际形势和非洲经济的下滑，尤其是疫情的肆虐，给集团海外工程业务发展带来极大的冲击。中江国际集团党委实施海外党建工作手段创新，发挥党组织的战斗堡垒作用、党员的先锋模范作用，克服疫情影响，切实做好“双稳”工作，全力保障重点项目有序推进。在海外的特殊环境下，在海外项目面临特殊困难的时刻，海外党组织和党员是最值得依靠、最值得信赖的中坚力量。从津巴布韦哈拉雷国际机场改扩建到赞比亚国际会议中心，从南苏丹朱巴伦拜克公路项目到埃塞联合银行总部大楼、NIB 银行总部大楼，党员们主动带头在海外坚守，在做好防疫的前提下带头坚持生产，带头开展劳动竞赛，自觉加班加点、献计献策，改进工艺和工序等，同时做好员工思想工作，使得项目建设在疫情中顺利开展，按时序交付，得到了当地政府、当地人民的广泛好评。

2020 年初新冠疫情在国内爆发，中江国际发挥海外党支部战斗堡垒作用，各海外分公司的党员同志践行使命担当，积极响应省委省政府关于保障疫情防控物资需求的部署，迅速调集海外资源，迪拜分公司、国贸分公司、莫桑比克分公司、毛里求斯分公司在第一时间采购了国内紧缺的 N95 医用口罩和防护服；海投公司为获得出口许可，尽早将物资运回国内，与迪拜分公司联合取得了“皇室确认函”组织采购 20 多万只口罩；巴新分公司、津巴布韦分公司、刚果分公司、土木工程分公司采购运回大量一次性医用口罩紧急空运回国内用于抗疫一线，有关工作得到了江苏省委省政府的认可和表扬。不久疫情又在国外呈蔓延趋势，部分国家和地区疫情形势严峻，境外企业和项目人员面临的风险不断上升，海外党员同志又一次冲锋在前，奔波于生活物资保障、防疫用品订购、外籍员工管理、项目现场应急处置、疫情影响损失索赔等方方面面。随后的两年多时间至今，集团党委、各海外分支持续保持支援、捐赠驻在国防疫物资。

（三）利用机构设立与整合促进海外党建

近年来，集团大力推进内部资源整合和机构重组，着力解决所属企业多、小、散造成的管理薄弱、风险易发多发和集团管控难度大等问题。2021 年，海外工程板块全面实施区域化管理，境外 36 家国别公司改革整合为“3 + 2”区域公司的同时，配备专职副书记，配全配强党务工作人员。

无论机构新设还是整合，中江国际海外党务工作一直保持四个“同步”即：海外机构和党组织同步建立，驻外机构行政、业务规章制度与党建制度同步制定，人员安排分工业务与党务同步到位，业绩绩效考核生产经营工作与党建工作同步进行。新的海外市场开拓成功，在当地注册成立办事机构或项目部后，按要求满足党员数量的，及时成立党支部或党小组，并明确隶属管辖关系等，同时在建立各项管理制度时，考虑并结合党建、纪检工作需要，在人员安排上第一时间明确党务工作的人员分工。以所属江苏省海外合作投资有限公司为例，为落实好两国领导人重要共识、服务国家“一带一路”倡议，支部党建工作做到境内外全面覆盖，把党旗插在了中阿（联酋）产能合作示范园、攻坚最前线，引领职工群众疫情防控和推进项目建设发展齐头并进。受限于当地不能公开开展党建活动，项目现场的党员群众主要靠学习文件或视频连线听支部书记讲党课等接受党性教育，适时将党建活动融合到团建活动中，努力增强党建活动针对性、吸引力和感染力。

做好五个“结合”也是开展海外党建工作长期积累的经验：一是与业务工作相结合，如思想政治教育与专业培训相结合，廉洁自律建设与诚信合规经营相结合等；二是党务工作与当地的学习教育资源相结合，如学习援外先辈的海外奋斗故事，参与驻外使领馆组织的有关活动等；三是与所在国国情结合，如在“构建人类命运共同体”理念下，参与当地民族文化活动，承担当地社会公益责任等；四是与企业文化建设、对外宣传相结合，如突出展现我们的建设能力、管理水平、在当地积极互动等；五是落实党管人才主体责任，与人才队伍建设相结合，如在海外特殊条件、复杂环境下锻炼人才、培养干部，考察与磨炼党员的意志，夯实党员的理想信念等。

（四）结对共建创新海外党建

集团通过打造总部部门与海外单位结对共建的党建新品牌，形成国内国外、总部一线、上下融合的良好态势。

以集团党委巡察办与毛里求斯公司共建为例，双方共享党史学习教育工作资源，共同探索海外党建工作思路，不断创新驻外机构党史学习教育等工作模式，进一步增强了基层和总部的沟通协作。党委巡察办利用结对共建的机会，在与公司开展党员学习教育活动的同时，专门增加了巡察工作专题宣讲，就巡察的目的、意义进行了介绍，针对海外机构的一些共性问题、惯性问题进行了剖析；毛里求斯公司了解了巡察工作的重要性和必要性，对照共性问题逐一进行了排查，并在一些不规范的做法上进行了纠正，在一些工程类公司的易发问题上进行了防范，做到未巡先改、即知即改，有效地促进了公司业务良性发展和管理规范化，将党史学习教育和国企改革三年行动落地落实。

（五）以人文关怀助力海外党建

海外员工思想政治工作面临着比国内更复杂的情况，让员工在海外安心工作，解决他们的学习、生活需求，引导海外员工克服困难并进行团队合作、共同完成工程建设任务，包括适应当地的法规、习俗、避免冲突等，都是集团驻外机构党建工作的重要内容。

集团始终践行员工至上，将员工生命健康安全摆在首位，以境外机构疫情防控为重点，统筹兼顾、持续强化境内外疫情联防联控。自2020年起通过省卫健委邀请省疾控中心、省人民医院、省中医院专家组建“中江海外疫情防控专家咨询”微信群，在线为各驻外机构答疑解难，为境外疫情防控工作提供专业保障。

除了加强境外项目疫情防控，集团党委还通过改善工作学习生活条件、开展有益身心的文体活动，走访慰问、帮扶困难职工、协助解决其国内各种困难等方式，为海外员工构筑“心灵家园”。从刚开始实施经援项目或国际承包工程项目时，大家笑称的“一个好的厨师顶过半个书记”，到针对非洲艰苦地区的驻外人员，在生活设施上进行改善提高，在驻外机构或项目部设立图书馆、乒乓桌，以及至今在每个项目部实现网络联通，主动推送党建相关内容、把关网络舆情、主动引导浏览正能量信息，各党组织充分发挥“学习强国”APP、江苏先锋微信公众号等在学习工作中的便捷作用，使海外党建工作更为得力。

另外，还通过邀请国内外访团组的领导上形势教育课、我国驻外外交官讲解我国的外交政策、组织祭奠长眠于海外的我国援外烈士等，不断加强现场教育；开展多媒体网络设施海外党员活动阵地建设、组织丰富多彩的文体活动，结合承担当地社会责任在当地开展文化交流、教育资助等形式，细致深入地开展思想政治工作。驻外机构党建工作普遍得到加强，海外员工的学习氛围更加浓厚。

（六）选树典型提升海外党建

传播中国声音、讲好中江故事，引导舆论风向，树立国企的正面形象在国外尤为重要。打造宣传高地，通过多维度载体加强对典型事迹、典型人物的宣传报道，是集团驻外机构海外党建的又一项重点工作。工作中既要适应国外的政治环境、以当地群众易于接受的语言和形式，又要突出重点，为国家的对外政策宣传，为中国企业的业务发展宣传。具体做法上灵活生动，如利用在当地开展展览活动和员工培训时机，宣传构建人类命运共同体理念的本质内涵，宣传我国的对外政策；利用参加当地有关节庆活动、公众活动时机，宣传中华文化，宣传中国企业参与当地建设发展所作出的贡献；利用参与当地社会公益活动，力所能及地承担一些社会责任等，树国家形象、立企业品牌；利用赞助当地文体活动等，传播友谊广交朋友，创造有利于中资企业在当地工作的优良外部环境。

三、取得成效

（一）创先争优有实绩

集团各海外分支机构坚持紧密结合集团党委部署要求和当地政治生态、社会制度、文化习俗，因地制宜做好党建及相关工作。海外工程一公司第二党小组被中国驻津巴布韦使馆党委授予“2021 年度党建工作考评优秀党组织”；哈拉雷机场改扩建项目部获“工人先锋号”，殷国华、叶宁、潘松等一批海外人员荣获省部级奖项。

（二）勇于担当办实事

2021 年，集团连续第 27 年荣获 ENR 评定的“全球最大 250 家国际工程承包商”，全年实现营业收入 171 亿元，保障了赞比亚国际会议中心项目、南苏丹朱巴伦拜克公路项目等海外重点项目有序推进，埃塞联合银行总部大楼和 NIB 银行总部大楼、赞比亚恩多拉国际机场、加纳职教项目、加蓬职教项目等当年顺利完成交付。积极开拓“一带一路”沿线国家市场，在中亚的乌兹别克斯坦设立办事处，为后续业务拓展创造条件。中阿（联酋）产能合作示范园园区审批走出了“中国速度”，园区管理服务中心已投入运营，基础设施一期已完成验收并将投入使用；协助迪拜世博会“江苏周”活动成功举办，中阿示范园专场宣介吸引线上观众60万人，向世界立体化展现了中国形象、江苏形象、园区形象。

（三）理论研究出实效

2021年，集团《“走出去”国企海外党建经验研究》获“省社科应用研究精品工程”应用研究课题二等奖；包括疫情时期海外隔空开展党委巡察的《中江集团：紧扣工作方针　聚集重点难点　以高质量巡察促进企业健康发展》获江苏省资系统以高质量党建引领国企高质量发展二等奖，入编《培根铸魂——江苏省国资系统以高质量党建引领国企高质量发展100案例》；党建带工建品牌“一带一路上的心灵家园”自2016年以来，多次获得江苏省总工会、江苏省国资委党委的表彰嘉奖，相关做法得到多方肯定。

四、总结与展望

（一）党建引领，以制度为支撑“砥砺前行”

集团党委将继续务实高效推进海外党建工作开展，完善海外党建制度建设和考核机制，结合“五不公开”要求，探索境外党建新路径，着力在制度创新与落实成效上下功夫，拓宽思维和方法，教育党员职工弘扬伟大建党精神，影响带动增强归属感荣誉感责任感，共同推动“一带一路”项目高质量发展，努力打造“一带一路”典范分支、廉洁工程。

（二）党建赋能，以品牌构建“常做常新”

继续紧密围绕海外工程经营与建设中心，做优做强“党建创优、发展创效”等“党建+”品牌，维护、创建更多更好党建品牌，形成党建融合业务的强大合力，聚焦生产经营的工作岗位、业务环节和重点难点，激励党员和党组织当示范、作表率，充分发挥基层党组织和党员干部的主观能动性，搭建劳模创新工作室，以员工为中心，以经验传帮带培养知识型、技术型、创新型优秀人才，常态化开展形式多样的创新争先活动，确保党员干部始终能在生产经营一线和急难险重任务面前当先锋、打头阵，助推企业高质量发展。

（三）党建聚力，以团队建设促“同心同向”

继续积极引导推动海外群团工作，发挥群团组织在海外团队凝心聚力中的作用，调动起广大员工的积极性，弘扬优秀企业文化，增强对党组织的归属感和认同感，进而产生以实际行动回报组织与社会的责任感和使命感，扛起使命担当，切实做到党务提质、团队提标、工作提升。

宋勤波　中江国际党委书记、董事长
孙光能　中江国际党委副书记
于　清　中江国际党群工作部部长

堡垒在一线构筑 精神在一线传承 作用在一线发挥

——南通市达欣工程股份有限公司“劳模创新工作室”党支部建功高质量发展

马 军 吕珊珊 陈春红

作为海安市非公企业党建工作的一面旗帜，南通市达欣工程股份有限公司在党建工作实践中，以建立“劳模创新工作室”党支部为支点，破解新时代建筑企业发展难题，在党员劳模工匠一线带动、一线创树下，让劳模创新工作室成为推动企业发展的“加速器”、促进职工成长进步的“加油站”、创新驱动发展的“发动机”，为助力企业高质量发展发挥了积极作用。

一、背景

习近平总书记指出，非公企业党组织在职工群众中发挥政治核心作用，在企业发展中发挥政治引领作用。从 2018 年 7 月，在南通市创建首个建筑企业劳模创新工作室党支部算起，三年多的时间，南通市达欣工程股份有限公司已在企业内创建了以董事长马和军、党委书记刘厚纯命名的“劳模创新工作室”党支部 45 个，劳模党员示范岗 65 个，形成了一批基础广泛、人才集聚、成果丰富的项目一线团队，掀起了企业新一轮业态创新、技术创新、管理创新的热潮。

二、主要做法

在上级组织的领导、支持下，公司开展以“薪火进工地，铸就铁军魂”为主题的劳模创新工作室党支部，在创建中明确行动的重点，突出“党建”引领、突出“劳模”示范，突出“创新”方式，形成了以劳模为领头雁，以党员、技术骨干为主力军，以“生产经营、技术攻关、人才培养”为工作方向的特色做法。

（一）突出党建引领，铸就铁军之魂

根据非公企业和建筑行业点多、面广、人员流动性强的特点，劳模创新工作室党支部着力党建引领，从以下方面入手：

1. 建好支部，筑牢堡垒。在劳模创新工作室基础上组建起来的党支部，秉承了创新工作室的优良传统，积极强化党支部堡垒建设，健全完善支部“三会一课”制度；积极实施流动党员“风筝”工作法，为流动党员“网上安家”，实现党员“流动不流失，离乡不离党”“远走高飞不断线”；实施党务公开制，增强党支部工作透明度，建立党内民主选举和党员“三先”制度，保障党员知情权、参与权和监督权；利用“党员统一活动日”开展党员政治生日、党性体检、“走帮服”等活动，把支部真正建成新形势下团结带领职工开展技术创新，促进企业创新发展的坚强堡垒。企业获得江苏省住房城乡建设行业先进基层党组织、南通市先进基层党组织、海安市五星级基层党组织、海安市建筑行业党建“鲁班奖”。

2. 传承精神，强化引领。劳模创新工作室党支部注重精神传承，强化职工政治引领。打造“互联网＋微课堂”，劳模工作室成员深入一线，将班前技术、安全交底与班前三分钟微学习相结合，在广大员工中培育和践行社会主义核心价值观。创建“互联网＋微平台”，利用企业网站、企业报中的党群园地等“微窗口”、利用 QQ、微信群等“微载体”、利用“志愿者日”“党员日”“庆祝新中国成立 70 周年、建党 100 周年”等“微活动”，以丰富多样的形式，团结职工群众紧密围绕在党的周围，爱岗敬业、拼搏奉献，汇聚起推动企业可持续发展的强大力量。注重传承传统美德，强化文化引领。借助创建“书香企业”这一平台，组织职工开展“读一本好书，钻一门技术，练一手绝活”读书系列活动。书屋的成立，对提升全体员工

的思想道德素质、科学文化素质、职业技能素质起到了良好的催化作用，公司获得全国工会职工书屋示范点。

3. 开展活动，凝聚活力。以活动凝聚人心，以活动激发斗志，以活动激励创新。我们开展“亮身份、亮承诺、亮形象”活动，进一步强化广大党员干部的身份意识，积极开展“脚手架上党旗扬”系列活动，以党员先锋岗、青年突击队，激发广大党员职工充分发挥自身特长，积极做先锋、当表率，争当提质增效、改革创新标杆，促进了企业管理水平的新提升。先后获得全国模范职工之家、全国五四红旗团委。企业流动党员管理工作的经验，在中组部党建读物出版社电视期刊《城市基层党建》中播出。

（二）突出劳模示范，夯实铁军之基

实施“党员工匠人才工程”，推深做实产业工人队伍建设改革，组织开展“技能结对”活动，加强党的知识、职业技能、管理能力的培训，为党员骨干赋能发展搭建平台。

1. 注重传承劳模精神，强化行动引领。在职工中大力弘扬劳模精神，借助全市职工技能大赛这一平台组织职工开展技能培训、岗位比武、劳动竞赛，引领职工学技术、练技能、当工匠、做劳模。注重把理论水平深厚、技术业务精湛、岗位责任心强的职工列为劳模培育对象。同时加强做好党员的发展工作，尤其注重发展技术骨干、一线优秀农民工加入党组织，通过思想上引领、政治上关心、生活上关爱等举措，不断激发职工的入党热情。项目团队的凝聚力、吸引力、战斗力不断增强。目前企业创新团队有党员 75 人，高级工程师 55 人、工程师 95 人、助理工程师 152 人、技师 112 人。他们人人都是了不起的技术人才，个个都是创新工作的行家里手。

2. 组织技术培训，提升员工素质。锻造一支高素质的达欣铁军，是提升达欣铁军战斗力的关键。劳模创新工作室党支部十分注重员工素质培训，把学历教育、技能培训与实践结合，从工作需要出发，立足岗位成才，让员工成为本岗位的行家里手。为更好促进项目 BIM（建筑信息模

型）技术应用发展，提高技术应用水平，工作室定期举办了技术应用培训，使员工学有所用，极大地提高了工作效率；组织开展“建筑工程绿色施工评价”业务知识培训讲座，为推进项目标准化管理、文明工地建设与绿色施工再上台阶起到了积极推动作用。

3. 开展师徒结对，关心员工成长。发挥好工作室带头人示范引领作用，近年来，企业大胆吸引 90 后人才，重点培养 80 后人才，突出用好 70 后人才，对于刚进入企业的年轻人，开展导师带徒活动，给他们平台、空间，促使他们尽快成长，尽快成才。企业通过推行“股权流转”机制，创造了公平竞争的环境，以股联心，为年轻的后来者打通了上升通道，2018 年集团新增的 4 名年轻股东就是从 16 个劳模创新工作室培养选出的，保证了公司的后继有人与持续发展的活力。为发挥老员工“传帮带”作用，促进青年职工成长成才，劳模创新工作室党支部开展了“星火计划、导师带徒”“党员带职工”活动，通过师徒结对，青年职工理论水平和实际操作技能显著提高，学知识、钻技术、练技能在项目工地蔚然成风，逐步形成适应施工建设需要的人才梯队。同时注重关心青年身心健康，利用道德讲堂、微党课，开展“四德”教育、谈心活动，鼓励职工在家做个好成员、在单位做个好员工、在社会做个好公民。

（三）突出“创新”方式，强健铁军之魄

为助推项目工地质量提档升级，劳模创新工作室党支部积极组织技术团队开展课题研讨，实施技术创新。一线创树一批党员示范岗，一线带动一批党员能手，一线攻关一批创新课题，成为企业提质降本增效新常态，也书写了众多微创新案例。

劳模创新工作室党支部的领衔人、“江苏工匠”、正高级工程师马和军带领团队潜心钻研，发挥引领作用，他们发现广泛应用于大型建筑深基坑支护过程中的传统锚杆施工技术，不仅局限性很大，而且工程完工后锚杆不能回收，造成资源浪费。让锚杆施工技术符合绿色施工节能环保要求引起马和军极大的兴趣，他白天带着团队“泡工地”、反复试验；晚上下班

翻阅资料研精苦思。经过 3 个月的钻研，他带领团队提出了一种全新的工具式锚杆施工工法，在施工中螺旋钻头与钢绞线被留置于孔内，钻杆退出时通过钻杆中心孔注浆，简化了施工过程，实现了锚杆工具式施工，加快了施工速度，锚杆孔壁呈螺纹形，锚杆抗拔力提高了 10%，直接费用降低了 22%。这项绿色工具式锚杆施工技术研究成果被鉴定为省级科学技术成果，达到国内领先水平。“马和军劳模创新工作室党支部”还被命名为“南通市十佳劳模创新工作室党支部”。

海安人民医院门急诊病房综合楼项目在坑下 30m 处钻孔取芯进行桩基检测时，出现了管涌渗漏现象，桩基检测单位采用多种方式都未能堵住渗漏，形势十分严峻，极易引起基坑塌陷。劳模创新工作室党支部书记、江苏省企业首席技师刘厚纯召集技术人员协商攻关，通过讨论确定了“引流堵漏法”方案，随后项目部在一天内制作完成了 16m 长、直径为 300mm 的钢管滤水管，紧接着在滤水管的周围用环氧树脂高压旋喷注浆处理法，将 80t 水泥、15t 环氧树脂压入基坑内，经过 72h 的抢险注浆后，再对滤水管进行封闭处理，堵住了渗漏，从而保证了基坑的安全，也保证了工程的施工进度，避免了数百万元的经济损失。

江苏省“五一劳动奖章”获得者杨静，带领创新技术团队的节电系统在集团公司推广应用，两年来就产生经济效益近 1000 万元，这在建筑业利润单薄的今天还真是一笔可观的收入，该创新工作室总结的“施工现场临时用电优化节电操作法”获得江苏省职工十大先进操作法。

三、取得成效

劳模创新工作室是劳模风采展示的“小窗口”，也是流动党员发挥作用的“大舞台”；这里是流动党员学习交流的主阵地，也是新技术、新工艺诞生的研发地；这里是企业品牌的策划部，也是企业效益的倍增器。

近三年，把 20 名一线优秀农民工培养为入党积极分子，把 14 名业务骨干培养发展成党员，把 8 名党员业务骨干培养成中层以上干部，这些为助力企业高质量发展发挥了积极作用。企业先后获得省级五一劳动奖状 1 次、江苏省工人先锋号 3 次。获得全国五一劳动奖章、全国建筑工匠、江苏工匠 2 人，省、市劳动模范 5 人，省级企业首席技师 1 人，省级五一劳动奖章 2 人，企业具备中、高级技能人才 2300 多人。

近三年，企业主编、参编国家标准、行业规范 10 项，获得国家级工法 3 项，省级新技术应用示范工程 60 项，省级工法 68 项，国家级优秀 QC 成果 118 项，省级优秀 QC 成果 275 项，上报省、市职工发明成果、十佳操作法、六小成果 51 项，企业自主科技创新直接、间接产生经济效益近 8000 万元。

四、总结与展望

“人人是创新之源，时时是创新之机，处处是创新之地”，这是企业在创建劳模创新工作室中的工作理念，也是企业的切身感受。下一步，达欣将以党建铸魂，进一步提升思想认识，丰富活动内容，通过实施劳模创新工作室党支部“薪火零距离”行动，打造“薪火进工地，铸就铁军魂”的企业品牌，将劳模创新工作室打造成传承劳模精神的教育平台、提升职工技术素质的培训基地、增强企业竞争力的创新载体，打造劳模创新工作室升级版，努力将企业建设成“技术新、管理优、实力强、品牌好”的建筑铁军！

马　军　南通市达欣工程股份有限公司副总经理
吕珊珊　南通市达欣工程股份有限公司行政助理
陈春红　南通市达欣工程股份有限公司党办主任

转变思想开“新路”，抢抓“双碳”赋“新能”

陈宝智　张仕兵　杨　飞　傅春雨　乐明浩

一、案例背景

（一）改革目标

中国核工业华兴建设有限公司（简称“中核华兴”）隶属于中央直属的中国核工业集团有限公司，是中国核工业建设股份有限公司（上市企业）的重点成员单位。中核华兴作为中央驻苏企业，根据上级的统一部署，以“三新一高”为指引，充分利用国企改革三年行动，探寻并找准新一轮发展的有效路径，以拓展“新能源”等业务领域为抓手，以不断优化业务结构为改革目标，进一步推动新时期公司转型升级和高质量发展，助力地方经济发展。

（二）实施背景

习近平总书记提出“要在严格保护生态环境的前提下，全面提高资源利用效率，加快推进绿色低碳发展，促进人与自然和谐共生”。推动绿色低碳发展，积极应对气候变化，是生态文明建设的重要任务，也是实现我国“双碳”目标的内在要求。

积极参与新能源等清洁低碳业务发展，是中核华兴为实现“双碳”目标作出积极贡献的有力抓手，是中核华兴推动转型升级的内在要求，也是中核华兴扩大市场影响力的重要契机。中核华兴紧盯国家“双碳”目标等能源产业政策调整和新能源发展机遇，加快产业结构调整，大力开发新能源、环保领域工程建设市场，始终走在改革最前沿。

二、主要做法

（一）坚持党建引领，转变思路布局新能源战略

中核华兴始终坚持党中央权威和集中统一领导，准确把握习近平生态文明思想，认真贯彻习近平总书记提出的“双碳”目标，持续贯彻全国国企党建工作会议精神，主动落实上级在新能源领域的战略部署。

中核华兴党委亲自安排、推陈出新，采取“积极出场、勇于站场、擅于攒场”的策略，率先垂范，利用座谈、会议、高层互访等多种形式，密切与上海电气等新能源客户开展联系，定期互动交流，帮助和指导各单位建立业务沟通渠道，为新能源市场开发创造有利局面；主要领导组织召开调结构会议，坚定推行深化改革和业务结构调整，把“新能源”项目作为市场开发的主要产品。

中核华兴区域公司深入聚焦“三新一高”发展要求，负责人带头贯彻落实电力（非核）业务等战略布局，加快推进“新能源”项目的重点培育和支持。

（二）创造新模式，整合资源深耕新能源市场

中核华兴内部探索建立“总部管总、二级单位主责、项目部主建”的三级市场开发组织体系和“全员开发”新模式，以不断优化的市场开发组织体系为高质量发展增强底气。

中核华兴外部始终坚持“合作共赢”的市场理念，不断增加对关键岗位人员和专业设计人员的社会化招聘力度；更新客户关系制度并进一步落实市场拓展工作，一改往日传统项目开发途径，以多渠道、新方法、立体式整合新能源领域上下游供应商资源，深化提升总承包采购能力；充分总结利用改革三年行动成果经验，步步为营，积极谋合，通过顶层设计、高层互访和各层级沟通机制的建立实施，与上海电气集团和国开新能源有限公司等建立高级别互信关系，以各有分工，用其所长，扬长避短的方式共同绘制合作蓝图，牵手成立中瑞恒丰（上海）新能源发展有限公司，共同

致力于新能源、环保等领域内的项目开发，合力提升在新能源行业的市场影响力。同时，中核华兴依托“设计引领、施工牵头”双模式持续提升工程总承包业务营收；创新实践“代建＋EPC”“股权合作＋EPC＋运营”“股权合作＋开发＋建设＋运营”等商业模式，高效实践建筑“产品化”理念。

通过创新商业模式、加强产业链上下游合作等，中核华兴以“建筑业全产业链资源整合者和一体化解决方案服务商”的战略目标为导向，强化“双碳”业务开发，获得业内认可。

（三）融合新理念，实干担当扎根新能源市场

我国新疆区域风、光资源丰富，地域辽阔且戈壁荒漠土地较多，具备大规模建设光伏发电、风力发电项目的条件，是中国新能源建设的主战场。中核华兴抢抓“双碳”政策机遇，依托自身在新能源领域的前期良好开发基础，借助上级与上海电气的战略合作，积极跟踪上海电气环保集团在新疆木垒的新能源项目，推介公司在新疆木垒的政府资源和工程下游资源优势，并全面介入协助上海电气开展项目的选址、科研等前期工作，最终获得公司在新疆的第一个光伏项目。

中核华兴高度重视和珍惜来之不易的新疆新能源业务，在新疆采田丝路木垒光伏园区 100MWp 光伏发电项目建设过程中，融合系统工程建设理念，迅速抽调全国各地精干人员 3000 余人，统筹谋划、科学部署，在没有先期可借鉴的施工经验前提下，中核华兴敢为人先，舍我其谁，集体攻关，竖起了“把新能源项目当作核工程来干”的一面新旗帜，创造了 13 天完成 13 万根灌注桩施工，14 天完成 36 万块光伏组件安装，仅用 45 天完成项目建设的“军工速度”，确保按期并网，获得了业主、政府等各方的高度认可，打响了公司在新疆新能源领域的“第一枪”。这为公司接连承建 20 亿元新疆新能源项目以及后续逐步扩大新疆新能源开发成果打下了坚实基础。

“以客户为中心”是中核华兴永远不变的经营理念。在新疆能源建设

项目上，华兴人顶风冒雪，日夜奋战，在接近 −30℃的戈壁山区，发扬核工业精神，顺利拿下了项目，按期并网发电节点，让“不可能”变成“能”，展现了“敢打硬仗、能打胜仗”的华兴新能源团队风貌，进一步增强了公司在电力行业的竞争力。

与此同时，经过中核华兴不懈努力，承建的新疆风电和阳江核电等项目先后荣获中国电力行业最高奖“中国电力优质工程奖”和“国家优质工程金奖”等国家级奖项，为深度服务国家“双碳”目标再添助力；获得风电、光电、核电和水电等能源业主的表扬信 30 余封，在赢得新能源市场的同时也获得了良好口碑。

伴随近几年新能源政策的不断向好，中核华兴提前布局谋划，强化战略思维，以在建项目为契机，整合电力领域上下游合作伙伴和设备供应商等社会资源，主动对接国家能源集团、华能集团、华电集团、中国大唐、新疆新能源集团、广东省能源集团、中核汇能等 10 余家央企和地方国有能源企业，深耕常规新能源项目投标，进一步增强了中核华兴在电力行业的竞争力。

三、主要成效

中核华兴牢牢把握“双碳”政策新机遇，积极应对疫情反复、国内外经济下行、房地产市场调控收紧、建筑行业竞争加剧新挑战，把深化改革和业务拓展、结构调整有机结合起来，化压力为动力，化挑战为机遇，以新能源业务拓展促改革促发展。新能源业务正在成为中核华兴高质量发展新的“增长极”，为公司转型升级、业务结构优化和基业长青注入改革发展新动力。

2020 年至 2022 年 6 月间，中核华兴新能源业务新签合同额 38.96 亿元，较 2017—2019 年提升 50% 以上，累计装机容量超过 1GW；项目承接单位由原先的 1 家增加到 3 家；业务区域从新疆拓展至江苏、辽宁、广东、山东、陕西等地；业务领域除风力、光伏外，首次涉足垃圾焚烧发电；合作客户从上海电气环保集团成功扩大至新疆新能源集团、华电集团、国家能源集团、中核汇能等中央及地方国有能源企业。

通过参股组建平台公司，中核华兴将新能源的项目跟踪介入从“招投标”阶段前移到前期“政府初步对接”阶段，从而掌握全项目周期进展，快速响应，为市场开发的深入拓展开辟了新模式、新路径。目前，通过中瑞恒丰（上海）新能源发展有限公司平台落地新能源项目 5 个，涉及合同额 10.75 亿元。

经过几年工程总承包项目的管理实践，中核华兴已初步具备能源电力项目的工程总承包管理能力和投标能力。2020 年至 2022 年 6 月间，中核华兴奋力拼搏，成功中标并签订新能源领域工程总承包项目 13 个，合同额超过 25 亿元。

四、经验启示

中核华兴作为曾承担过我国“两弹一艇”试验基地和享誉全球的核电建造龙头企业，核电建造市场份额一直处于领先位置。经过多轮改革，中核华兴业务范围已涉及建筑业价值链各环节，足迹遍及全国 32 个省级行政区和 9 个国家和地区。

然而，随着“房住不炒”和房企金融管控等政策的实施，房建业务规模性扩张逐步遇到瓶颈，如何降低房建产品比重、扩大战略业务规模、优化产品结构和建筑产品高端化成为摆在中核华兴面前新的挑战。

为此，中核华兴始终坚持党建引领，紧跟市场形势召开专题会议研究国家政策，通过结合自身优势逐渐寻找到了以新能源作为突破口，不断提升了获取规模性项目的能力，找到了营销增长的重要途径。今后，中核华兴会持续想方设法在业务产品领域、市场布局、商业模式、业务能力提升、重点项目策划、投标过程精细化、深耕区域滚动开发和信息储备等方面不断深入推进，突破瓶颈，寻求新的业务增长极。在保证产值规模稳步提升的同时，不断优化业务结构，向着企业高质量发展目标勇毅前行，在努力建设“强富美高”新江苏的道路上高歌迈进。

陈宝智　中核集团副总工程师，中国核建党委书记、董事长（原中国核工业华兴建设有限公司党委书记、董事长）
张仕兵　中核集团副总经济师，中国核工业华兴建设有限公司党委书记、董事长
杨　飞　中国核工业华兴建设有限公司副总经理
傅春雨　江苏中核华兴建筑科技有限公司总经理
乐明浩　中国核工业华兴建设有限公司市场客户管理部商务主管

从“方圆文化”来看正方园

王金荣　王树全　钱　兰

一、企业发展背景

每个企业都有自己的文化性格，有的大而强，有的小而美，有的肩负使命，堪称大国顶梁柱，有的扎根一域，在细分市场闯出了自己的天地。江苏正方园建设集团有限公司创建于1968年，2001年完成改制，公司具备建筑工程总承包和市政公用工程施工总承包双一级资质，同时具有建筑装饰装潢、地基基础、消防设施和建筑机电设备安装等专业施工资质。

2001年改制之初，江苏正方园只是一个毫不起眼的乡镇企业，21年创新发展，21年奋勇前进，终于化茧成蝶，成为一家集建筑施工、房地产开发、市政道桥施工、商品混凝土生产销售、建材物流、建筑施工机械设备租赁为一体的专业化管理、多元化发展的集团企业。多年发展，正方园始终坚持着“诚信、敬业、务实、创新”的企业核心价值观，将“正心正行、智慧方圆”的“方圆文化”注入集团事业的每一个毛孔。正方园正如它的商标一样，外圆内方，将一种规矩、法度、方略、谋划、圆融、变通的中华民族传统价值观提炼嬗变为自己的市场观、产品观、经营观、战略观和人才观，用“做一个项目、交一帮朋友、树一座丰碑”的朴素理念，低调做人，实在做事，精心塑造出了“正心正行、自强自律、承认承担、同心同德”的企业精气神。

二、企业诚信建设及显著成效

（一）诚信铸精品

诚信是正方园创业和发展之本，是公司品牌的基石，是正方园企业文化的核心。正方园以“正心正行，智慧方圆”的组织灵魂，用“诚信、敬业、务实、创新”的社会主义核心价值观，弘扬“教导型组织”的人文精神，构建和谐的幸福家园，追寻中国民营企业基业长青的发展之路。

公司连续十年被江苏省工商局评为“重合同守信用企业”，并多次获得省级“建筑业优秀企业”“江苏省建筑业成长性百强企业”“全国建筑工程质量管理优秀企业”“安全生产先进企业”“市优秀企业”“十佳企业”等称号。

（二）创新谋发展

创新是正方园持续发展的原动力，也是正方园的核心优势。正方园集团依靠科技进步和观念创新，充分拓展企业生存空间，创建并保持企业的核心竞争力。

1. 科技创新。在日新月异的科技变革中，建筑业从劳动密集型到技术密集型转变是经济发展的必然趋势，如何适应这种转型，只有进行科技创新，才能立于不败之地。因此，正方园首先不断探索建筑结构的变化，布局装配式建筑，并从材料上实现创新，提升装配力；另外，顺应今后工厂化趋势，使建筑工人从农民工转变成新时代的技术工人，打造一支知识型、技能型、创新型的建筑工人队伍。

2. 信息化建设。建筑项目数量多、环节多、任务多，在这种情况下，公司站在企业发展战略的高度进行总体规划，根据集团自身发展需求，进行科学管理、分步实施，将信息化作为战略执行的重要手段之一。使信息化建设与建筑施工管理深度结合，使所有的施工细节协调管理变成了可能，在信息化建设的同时，也规范了业务流程，促进了管理创新，增强了执行力。

3. BIM（建筑信息模型）技术应用。随着科技的发展、计算机辅助技术的引入和普及，越来越多的工程开始利用 BIM 技术。十年前，正方园集团就率先引入 BIM 技术，并在项目中进行推广应用，组织了多次省内外参观交流活动，获得业内一致好评。通过 BIM 技术，将工程项目的整个施工过程中各个不同阶段的工程信息、过程和资源集中在一起，通过电脑模拟建筑物所具有的真实信息，为工程设计和施工提供相互协调、内部一致的信息模型，达到设计施工的一体化，实现了快速计算工程量和精准预算，减少了资源和仓储的浪费，对工程基础信息实行有效管控，大大减少建筑质量问题、安全问题，减少返工和整改。2014 年，集团在通过一段时间的试点使用和人员培训后，正式成立了 BIM 工作室，并以 BIM 工作室为核心团队，各项目 BIM 小组为应用层面的 BIM 应用模式。

4. 绿色创新。正方园通过现代化的装配技术，节能、节材、节水、节地、在建筑全生命周期中实现高效率地利用资源，从而达到最低限度地影响环境。2011 年，获得无锡首个全国绿色施工示范工程；2013 年，公司总部大楼——正方园科技大厦落成，是无锡首个“三星级绿色建筑”工程，公司荣获全国绿色施工建筑及节能减排银奖。

（三）质量是关键

质量是建筑工程的关键，正方园始终坚持“质量第一、信誉至上”，近年来，凭借优质的施工质量，优良的信誉，精心打造建筑行业“正方园”品牌，为了达到业主合同要求，提升公司品牌，集团成立了质量创优管理小组，加强质量创优工作的组织规划和协调，不断创新管理方法，提高实体工程质量，并坚持确保每个工程合同规定的质量目标，根据企业创建品牌需要制定不同等级的创优目标，积极开展创优意识教育，注重前期策划，加强过程控制，降低施工中由于材料不合格和质量返工等原因造成的浪费；树立质量创优“零整修”的管理意识，确保施工质量一次成优。

在坚持诚信的前提下筑精品，正方园秉承“精益求精、品质卓越”的产品质量观，自营施工，确保工程质量安全，工程创优率多年来均保持在 98% 以上，工程一次验收合格率均为 100%。公司承建项目多次荣获“扬子杯”“金龙杯”“太湖杯”“常州市优质结构工程”“无锡市优质结构工程”“省标化工地”“市标化工地”等荣誉。公司承建的无锡市土地交易市场、无锡市环境监控中心、无锡市人民医院儿童医疗中心和无锡地铁 1 号线控制中心及配套工程先后四次获得了中国建设工程的最高奖——“鲁班奖”，布勒（常州）机械有限公司新厂区——谷物加工成套设备制造项目荣获“国家优质工程奖”，成为溧阳市获得“鲁班奖”最多的建筑企业。

（四）文化创品牌

江苏正方园将传统的“外圆内方”“天圆地方”传统价值理念提炼嬗变为“正方园”，“圆”和“园”的一字之改，体现的是江苏正方园“建造精品建筑，营造幸福家园”的家园理念。

江苏正方园将家园文化渗透到经营管理的每一个细节，小到员工的穿衣着装、日常礼仪，大到节日慰问、各类技能比赛、文化娱乐活动，无不体现出浓浓的亲情。公司坚持人性化管理，想方设法为员工排忧解难，调节夫妻员工的工作时间，完善员工的个人档案，对婚丧嫁娶、生病住院、子女升学等情况皆有所关照，使员工感受到企业大家庭的温暖。公司坚持团队建设和人才培养，通过举办各类拓展、培训、技能比赛、外出参观学习、茶话会、联谊会等一系列活动，提升员工的职业技能，增强团体协作感。

经过多年的努力，江苏正方园的“家园文化”深入人心。一批又一批的正方园人在这样深厚文化的滋养下，以“忠诚、正直、专业、进取”的人生态度观照自身，以“精益求精，品质卓越”的产品观服务客户，以“将世界建设得更加美好”的理念回馈社会，不断朝着绿色正方园、科技正方园、幸福正方园的目标迈进。

（五）履行社会责任，热心公益事业

董事长吕树宝一直以“居安思危、戒奢以俭”的古训为座右铭，化荣誉为动力，争创更多辉煌，最大限度地回报社会公益，回报慈善事业。2019 年 10 月，312 国道无锡段锡澄路上跨桥发生桥梁侧滑垮塌事故，应

无锡市锡山区住房和城乡建设局紧急通知，调配挖掘破碎机、装卸机及人力，积极参与抢险救灾，共投入资金 16 万元；2018 年 10 月，为支持江南大学的建设和发展捐赠 100 万元；2020 年 2 月，向无锡市红十字会捐赠 50 万元，定向支持无锡市滨湖区华庄街道，用于应对新冠疫情防控工作；同年 2 月，向溧阳市慈善基金捐赠 259185.66 元，用于发展溧阳慈善事业；同年 3 月，向无锡市光彩促进事业会捐赠 10 万元，用于应对新冠疫情防控工作。2021 年，向无锡市红十字会捐款 43000 元。公司多次向经济落后地区、灾区捐赠，支援贫困孩子上学，帮助灾民重建家园；每年定向补助困难农户及老人等。

三、总结及展望

建造精品建筑，是正方园集团的崇高使命，是集团生存的根本，也是持续发展的基础。正方园在坚持打造“绿色正方园、科技正方园、幸福正方园”品牌形象的道路上，以精诚合作的态度、一流的施工质量，积极的精神风貌，开创更加美好的未来。

王金荣　江苏正方园建设集团有限公司集团工会主席
王树全　江苏正方园建设集团有限公司企业管理部经理
钱　兰　江苏正方园建设集团有限公司办公室文化宣传专员

中亿丰绿色建造技术工程应用典型案例

中亿丰建设集团股份有限公司

一、案例背景

本项目为中亿丰未来建筑研发中心项目，建设单位为中亿丰建设集团股份有限公司，项目位于苏州市相城区澄阳街道澄阳路东、蠡塘河路北，临近地铁 7 号线出口。

项目用地为科研用地，用地面积约 22304m^2，项目总建筑面积 11.2 万 m^2。地块总体容积率为 3.40，绿地率 30.02%，建筑密度 26.19%。

本项目由 23 层总部办公楼、14 层研发楼和 6 层联合办公楼组成（图 1）。总部办公楼为绿色三星建筑、研发楼为绿色二星建筑、联合办公楼为绿色一星建筑。建设项目总投资 100800 万元。建设期为 2021.1—2024.1。

图 1　本项目效果图

二、主要做法

本项目在建造过程中贯彻绿色建造理念，在项目全过程采用数字化技术，将信息化、智能化、绿色化的理念贯穿项目的全过程。运用了多种绿色建造技术。

1. 数字化全过程应用

本项目拟通过“BIM ＋ AIoT”数字孪生建筑中台技术，面向工程全生命周期提供数字化技术应用和数据集成，打造“一个中台＋五个专项应用”的智能建造新模式，整体项目通过 BIM/AIoT/ 智能设备等数字化技术的应用达到协助、指导、检查设计和施工的作用，同时协调建设方、设计方、施工方、专项分包单位和监理方的项目管理，减少错误和碰撞，提升工程质量与进度，降低工程造价。在设计阶段提供协同设计与性能化分析模拟、三维展示、施工图碰撞检查和管线综合优化服务；在施工阶段提供施工方案模拟；在装配式建筑的专项设计过程中用 BIM 技术建立预制构件的设计、加工、运输和安装全过程数字化生产与管理；在工地现场采用 BIM ＋ IoT ＋ AI 技术，打造智慧化的人员、机械及设备、物料、环境、智能设备等应用，提升施工安全与质量管理水平；在项目竣工阶段，采用 BIM 实现数字化交付，提供给业主方和物业方完整的数字资产数据。

2. 绿色建筑设计

项目以全过程精益建造为主线、以人工智能（AI）技术为驱动，通过在零污染建筑（重点区域采用铝合金内装材料、铝合金家具，同时结合空气监测、新风系统等技术，达到零污染）、韧性建筑（疫情防控、安防监控、海绵防涝等方面）、人工智能（AI）＋数字孪生建筑（强调 AI 技术在建筑运维阶段的深度应用）、人本建筑（通过对建筑、设备系统的精细化设计、调试、调适，营造以人为本的未来人居环境体验；并通过设计手法、微型景观等多种技术手段，突出对员工的人文关怀、宣传企业文化）、节能低碳建筑（通过设备系统的精细化优化、调试、调适，结合 AI 智慧节能算法调控，降低建筑全生命周期碳排放）等方面的策划和实施，打造

AI＋总部大楼绿色建筑设计典范。

3. 光伏建筑装饰一体化设计

中亿丰未来建筑研发中心项目作为光伏建筑的试点，采用光伏建筑装饰一体化技术实现与建筑效果相结合，并与主体建筑同步设计，同步施工。项目单体建筑各具特色，其中总部大楼与研发楼屋顶均为曲面异形网壳结构，联合办公楼为单向曲面结构。项目创新性地以单晶硅组件技术完成了不同曲面形式光伏屋顶的建造：通过组件排布以及装配工艺实现了光伏发电与建筑装饰一体化，既满足了建筑绿色能源需求，又综合考虑了建筑设计美感。

4. 海绵城市

本项目以全方位实现项目区域内水安全、水环境、水资源、水生态为总体目标，根据海绵城市“渗、滞、蓄、净”的特点，对片区适宜性提出如下要求：高“渗”性，高“滞”性，高“蓄”性，中“净”性。最终确定采用源头削减、中端调蓄和末端处理相结合的方式，利用东侧滨水空间和调蓄设施打造雨水净化与回用系统。本项目共划分汇水分区30个，通过透水铺装、绿化屋顶、雨水花园、生物滞留带、滞蓄型口袋花园、干式植草沟、高位花坛和调蓄池海绵等设施，最终年径流总量控制率在80%以上。

5. 装配式工业化建造技术

本项目在建设过程中，运用了多种装配式建筑技术。在土建方面：本工程总部办公楼结构施工采用装配式材料，预制楼板、预制楼梯、预制内隔墙板等“三板”预制率为60.28%；联合办公楼南立面采用复合免拆保温模板外墙外保温板材（PCF预制装配式外挂墙板），该模板由外墙模板与保温模板相结合，具有结构一体化、生产工厂化、施工简便化、与建筑物同寿命的特点；在机电安装方面：采用一体式成品套管、装配式泵组模块和管综模块，减少了施工现场的加工作业，提高了施工效率；在幕墙工程方面：通过竖向两根铝合金线条与铝型材挑件连接，形成外围主龙骨框架体系。石材蜂窝一体板与横向龙骨采用螺栓连接的方式，形成石材蜂窝一体板＋铝合金线条系统。该装配方式与玻璃幕墙体系共同装配，形成有效的整体，从而实现装配化、整体化的要求；采用幕墙免焊式转接系统，通过预埋件与连接件进行螺栓组搭配组合（摒弃常规的预埋件与连接件电焊连接）的方式，实现了标准化、自动化、装配化的要求；在装饰工程方面：采用了装配式墙板安装（卫生间墙板为 3D 打印钢板）、装配式顶板安装、石材干挂墙面、金磨石整体地面技术，通过装配式设计、实施，实现标准化尺寸下单、部件化加工生产、装配化现场安装的效果。

6. 能源中心

本项目响应国家号召，尝试建立能源中心（图 2），为项目本体及区域低碳做初步探索。形成对中亿丰控股旗下所有子分公司的能耗终端进行统一高效的管理，同时实现对中亿丰碳资产开发、碳市场分析、碳配额管理、碳交易运作等进行管理。能源中心包括能耗监测系统、节能管理系统、碳排放管理系统和数字资产管理系统。

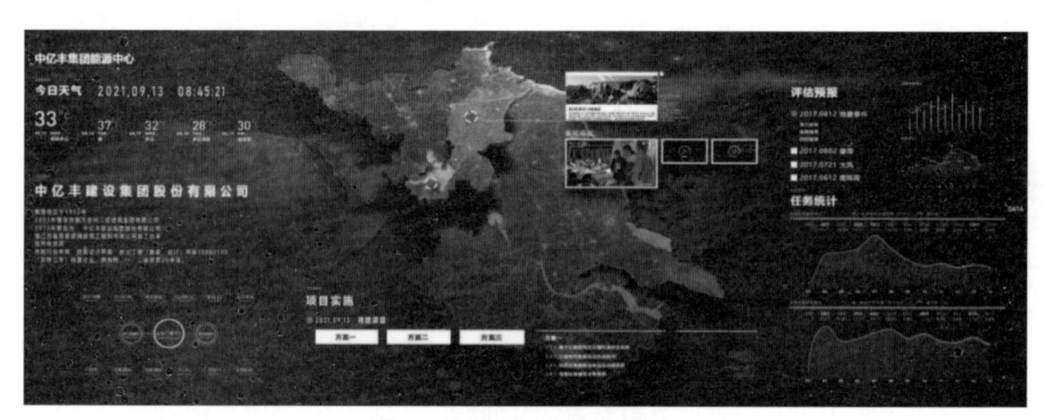

图 2　能源中心界面示意图

7. 智能化工程

本项目拟打造智慧运维管控和智慧运营服务两大平台，通过 BIM 技术与物联网技术相结合，把感应器和装备嵌入到各种环境监控对象（物体）中，通过信息化技术将环保领域各种信息进行分析与整合，以更加精细和动态的方式实现环境管理和决策。通过对空调、变配电、新风、水泵、照明、电梯等机电设备运行的参数实时监测，及时发现设备运行问题，提升设备运行寿命，减少事故发生；建立运营管理与展示中心，并将根据实际使用需求，设计多种视频显示系统、扩声系统、会议发言系统、远程视频会议系统和集中控制系统。智能化工程具体规划形式如图 3 所示。

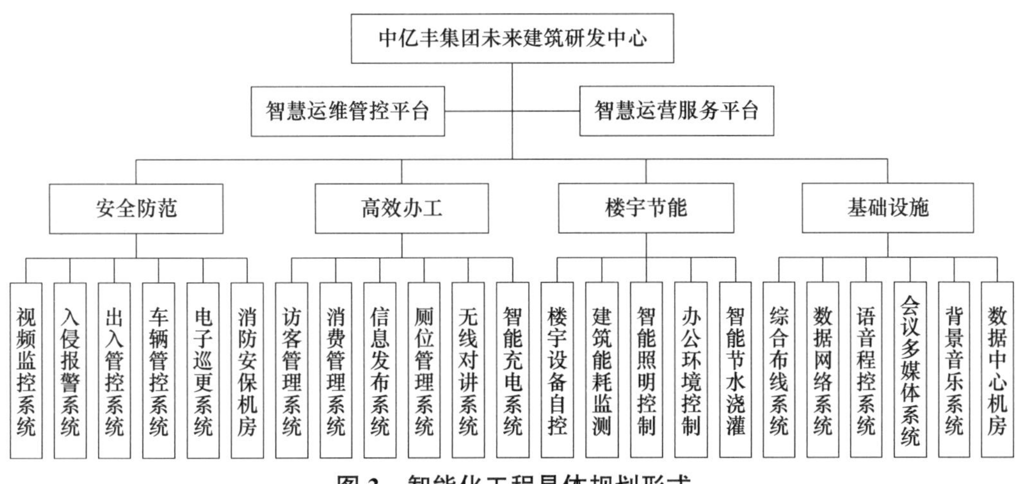

图 3　智能化工程具体规划形式

8. 精细化绿色施工

本项目施工过程中采用精细化绿色施工，针对环境保护、节材、节水、节电、节地等制定了专项实施方案，通过采用围墙喷淋装置、扬尘噪声监测系统、建筑垃圾回收利用、盘扣式脚手架、铝合金模板体系、钢筋直螺纹套筒连接、整体提升脚手架、BIM 全过程指导、太阳能光伏发电等，最大限度地节约了资源并减少了会对环境产生负面影响的施工活动，使施工过程真正做到“四节一环保”。

三、主要成效

（一）经济效益

本项目的经济效益主要体现在以下几个方面：

1. 通过绿色施工及科技创新，预期直接经济效益达到 57.25 万元；

2. 通过光伏发电，预估每年节约电力 50 万 kW • h 以上，25 年光伏所

发电力可减排 CO_2 约 3495.4t，相当于植树 191006 棵；

3. 采用高抗压抗拉硅墨烯保温板作为混凝土浇筑时的模板，工序简单、工期短，实现保温与结构一体化，较之原设计 PC 外墙，节约成本 50 余万元；

4. 采用装配式集成卫生间，成品部件装配，4 人 8h 完成一套安装，缩短了工期，满足了国家及地方强制推行产业化政策，至少可降低税收成本 10%，整体造价较之传统装修降低 9%；

5. 其他绿色节能方面，通过绿色建筑策划及实施，本项目重点突出智慧和健康理念，基于“零污染建筑、韧性建筑、人工智能（AI）＋数字孪生建筑、人本建筑、节能低碳建筑”打造的中亿丰未来建筑研发中心在项目交付后产生的经济效益显著。

（二）社会效益

本项目作为中亿丰未来建筑研发中心的总部大楼，通过全力打造相城区创新产业新地标、工匠传承新地标，以装配化、工业化、自动化的高要求、高目标，体现了我司绿色建造、智慧建造的宗旨和理念。项目以太阳能光伏建筑一体化、绿色建筑三星级、生态海绵、全生命周期低碳、装配式内装示范为目标，定位为绿色、生态、智慧的未来建筑典范、新型建造模式的展示中心、健康和谐的研发办公空间、低碳智慧的集成中心，集合了众多新型、有效、可感知和可实施的绿色建筑技术，在本地起到了作为标杆的示范带头作用，有较大的示范意义。

（三）环境效益

本项目通过采用装配式建筑技术，增加建筑工业化的水平，减少建材的浪费，达到节约建材、减少环境负荷的效果；同时，通过采用光伏发电技术，在建筑 3 个屋面设置太阳能光伏，并将光伏与建筑效果进行融合，做到了既是建筑屋面，同时也是发电光伏的效果。在满足建筑效果的同时，也实现了屋顶发电、光伏电量并入电网的效果（光伏电力作为清洁能源，降低了建筑对传统能源的消耗，起到了节能减排的效果）。

同时，通过海绵设计（下凹绿地、雨水花园和透水铺装等）、雨水回用系统和节水灌溉系统，合理利用雨水，有效减少室外用水量；通过采用节水器具、节水型空调系统，有效减少室内用水量，最终达到节约用水的效果，减轻对水资源的需求，减少市政供水负荷。

在建筑的全寿命周期内，该项目通过最大限度地节约资源（节能、节地、节水、节材）、保护环境和减少污染，为人们提供健康、适用和高效的使用空间，与自然和谐共生的建筑环境。

通过上述措施的综合应用，本项目产生了良好的环境效益，对于促进环境友好、提升建筑业整体水平具有重要意义。

四、经验启示

本项目由联合办公楼、研发楼和总部办公楼组成，着力打造现代风格的科研产业园区，将对本项目在以下几个方面进行提炼总结：

1. 理论研究试点：中亿丰未来建筑作为未来建筑技术产业科创园区，对数字孪生建筑、太阳能光伏建筑一体化、三星级绿色建筑、生态海绵、全生命周期低碳、装配式示范等理论进行研究、实践和总结，在本地起到了作为标杆的示范带头作用，有较大的示范意义和推广价值。

2. EPC 总承包：通过对本项目的设计、采购、施工、试运行等实行全过程承包，充分发挥了设计在整个工程建设过程中的主导作用，有效克服设计、采购、施工相互制约和相互脱节的矛盾；同时，通过 EPC 总承包，将绿色建造理念前置，在方案策划阶段就进行项目的绿色专项设计，并将数字孪生技术、新能源技术、人工智能（AI）技术及其他新型建筑技术紧密融合，实现项目全过程的精致建造、绿色建造。

3. 标准和流程重塑：本项目在建筑的全寿命周期内，采用“智慧＋”清洁能源系统、智慧绿色建筑管理系统、“数字化＋工业化”智能建造技术进行标准化和流程化施工和管理，最大限度地节约资源（节能、节地、节水、节材）、保护环境和减少污染，增强中亿丰未来建筑项目的示范作用。

4. 后评估阶段评估方法及成果应用：本项目作为新城建和数字建造新技术和新产品应用场景案例，拟在项目完工后，采用自主的 BIM 及数字建造软件和物联终端产品，打造集成“低碳建筑、人本建筑和智慧建筑”于一体的未来建筑，并依据全过程数字化集成和数字运维的成果，开展 BIM、CIM、建筑物联智能终端产品、建筑机器人、数字建造、数字孪生城市等自主软硬件产品研发和产业孵化工作。

待项目完工并投入使用后，业主将通过智慧运营平台对整个项目进行高效智能绿色运营管理。智慧运营平台集成了消防安保、绿色节能、设备运维、物业管理四大功能板块，同时本项目将通过设立低碳节能与环境健康智慧管控系统，构建并落实项目运行阶段碳排放和环境健康的监测、评价、控制等环节的管理闭环，打造中亿丰 EPC 全过程低碳节能工程示范样板。

以安全五化管理，加强企业诚信建设

张克川

一、案例背景

（一）企业介绍

中铁十四局大盾构公司成立于2016年8月31日，注册地江苏省南京市，注册资本金5.1亿元，隶属中国铁建的特大型建筑央企。公司现有员工2000余人，具有市政总承包一级资质、地基基础专业承包一级资质、隧道工程专业承包三级资质，自有直径10m以上盾构机21台，企业总资产70亿元。

目前在建项目40个，累计盾构中标总里程249km。在业内实现了大盾构“市场占有率、已施工里程、大盾构机数量、综合施工能力”五个第一。全球开挖直径排名前10的盾构隧道项目，有8项在中国，中铁十四局承建其中的6项。目前国内大盾构市场10m以上在建占比40%，14m以上在建占比51%，穿越长江在建占比78%，铁路在建占比58%，公路（含市政）在建占比42%。2017年获评中国铁建十大品牌，两次登上央视《焦点访谈》，截至目前在中央级媒体刊稿1300篇，其中新华社通稿120篇、中央电视台播报250次。2021年5月28日，在两院院士工作大会上提出“最大直径盾构机顺利始发”，极大提高了十四局大盾构品牌影响力和企业美誉度。

（二）案例介绍

中铁十四局大盾构公司以苏（苏州）通（南通）全部绝缘输电线路（GIL）综合管廊过江隧道工程为“试验田”，建立了以安全五化管理为基础的诚信管理体系，即：“安全施工标准化、安全责任清单化、安全规范常态化、工地管理工厂化、盾构机安全施工精细化”，取得了大直径盾构长距离越江高水压含沼气复杂地层施工安全“零事故、零伤亡”的好成绩，建起了世界上第一条“大直径、大跨度、大压力、高质量”三大一高的电网综合管廊隧道。

（三）案例意义

淮南—南京—上海 1000kV 交流特高压输送变电工程，是国务院大气污染治理 12 个重点输电通道之一，该输送电网是构建华东特高压高端环网、提升电网安全水平的关键；是解决长三角地区短路电流大面积超标问题、提高电网运行的灵活性和可靠性的保证；是治理沿江小电厂林立、水土环境污染严重、整合电力资源、减少重复建设的有效措施。该输送电工程要跨越长达 5000 多米宽的长江，且要建设多个地面塔站，受江面宽度、交通、航运、航空以及高压线跨越高度（400m 以上）、线路跨江资源紧缺、安全风险较大等综合因素的影响，国家电网经过多次比较论证，决定一改几十年不变跨越江河飞架输送电路的老办法，第一次采用在长江水底建设管廊铺设高压电线的施工新方法。这是目前世界上第一条长距离、大跨越、高风险、高电压电网输送管廊。该工程建成后，淮南－皖南－上海特高压交流工程合环运行，形成贯穿皖、苏、浙、沪负荷中心的华东特高压环网。不仅可以有效缓解华东地区大气污染，而且对华东地区特别是上海对接“一带一路”经济大循环、提高华东电网接纳区外电力能力、提升电网安全稳定水平、满足经济社会发展用电需求具有重要意义。GIL 苏通综合管廊项目不仅是国电第一次采用新工艺、新技术，也是中铁十四局大盾构公司第一次尝试有别于其他过江隧道采用的新的施工方法。实施施工安全的“五化”管理，是确保“万里长江第一廊”施工安全和管廊投入使用安全的关键措施。

（四）案例实施前后对比

人无信不立，业无信不兴，作为中央企业，公司始终坚持诚信至上的经营理念，持续推进企业诚信建设，规范企业合同行为，增强企业社会责任，树立行业诚信标杆。在该案例的实施中实现了由低附加值管理转型向高附加值管理的升级；由高耗能管理转型向低耗能管理的升级；由粗放型管理向精细型管理的升级。实现“四个转型”，即项目管理模式由“鲁布革”模式的项目管理向具有中国特色社会主义工程项目管理的转型；项目管理的责任主体由项目经理个人负责向以项目经理为首的项目团队负责的转型；项目管理由粗放型向精细型的转型；项目工程由“中国制造”向“中国创造”的转型。通过企业诚信建设，提升工程项目管理创新水平、工艺技术创新水平、工程产品创优水平、经济和社会效益创优水平。

二、案例内容

（一）科学评估苏通 GIL 综合管廊穿越长江水下施工不利条件和安全风险，为制定施工安全“五化”管理提供依据

1. 管廊隧道施工区域水文地层及地质条件较差，盾构施工安全风险较大。经过勘探测量和实地考察，苏通 GIL 综合管廊工程南北两端所在位置为长江下游冲积形成的河漫滩。管廊隧道工程位于 G15 沈海高速公路苏通长江大桥上游附近徐六泾节点缩窄段，长江水面宽约 6000m，风大浪急时急流湍涌；隧道深度范围内均为第四纪地层，经过对揭露地层地质时代、成因、岩性、埋藏条件及物理力学特征等分析，主要为冲积层砂土，工程场地断裂发育；江底粉砂深度为 15～20m，液化层底深度为 14～20m；隧道始发井至隧道深槽段浅层分布有淤泥粉质黏土，为可能震陷软土。

2. 隧道内有 3000 多米地段存在有害气体，有害气体为可燃性气体，既对盾构机施工安全和作业人员身体有一定的影响，也容易引起火灾，一旦隧道内发生火灾，后果不堪设想。

3. 工程本身技术难度较大。本工程采用敷设管廊（隧道）中的 1000kV GIL 管线从江底深处穿越长江，隧道长达 5.5km，隧道最深处结构标高 74.8m，最大水压 0.8MPa，是目前国内最深的过江隧道。两回（长相）

1000kV GIL管线单相长度5～8km。长相总长35km，是目前世界上电压等级最强、输送容量最大、技术水平最高的超长距离GIL输送创新工程。过江管廊（隧道）采用泥水平衡盾构机施工，这是我国电网建设第一次采用管廊过江的方法，它与一般的地铁、公路及市政管线盾构隧道相比，用于电力输送的水下盾构隧道具有特殊的使用功能要求，苏通GIL管廊隧道工程长距离穿越高透水、高腐蚀性地层、高压力、沼气、淤泥等不良地质段，河床变化大的风险因素多，不可预见性大。

（二）策划施工安全方案和应急管控措施

中铁十四局集团大盾构公司在南京、长沙、兰州、厦门、武汉等公路和地铁建设施工中，先后7次成功穿越长江、黄河、湘江和厦门海峡，有一整套穿越江河湖海盾构隧道施工安全管理经验。但是，承建苏通GIL综合管廊这样非同一般的复杂工程还是第一次。为了确保该工程安全、优质、高效，工程项目部针对施工现场存在的“五大”施工风险，依据住房和城乡建设部、中铁十四局集团、大盾构公司有关盾构施工的制度、规定、标准，特别是国家电网对苏通GIL综合管廊项目施工的具体要求，制订了一系列施工安全统一的标准化管理办法。

（三）建立施工安全管理“五位一体”清单式责任体系

全面落实GIL综合管廊安全施工风险管控大纲，建立以项目部安全施工领导小组总管、项目部安环部门专管、各职能部门按业务相关协管、各作业单元和分项工程分管、围绕大盾构施工及相关配套工程各个作业岗位细管的“五位一体”大盾构施工安全管控责任体系，确保各项工作落到实处。做到“人人管安全，事事有人抓、责任层级化、风险共同担”。与此相适应的建立“清单式”安全管理机制，即围绕大盾构GIL综合管廊安全施工，以五个不同层级为责任体系，以安全施工管控风险标准化管理为主线、以各责任单位和各级各类管理人员各司其职为抓手、以安全清单为实施细则、以考核清单落实责任为保障，厘清安全责任权利，细化量化安全隐患管控要点，明确检查标准及安全确认人，追溯安全检查整改及销项全过程，形成动态梳理、定责、授权、检查、销项、考核、追责的管理流程。

（四）强化施工安全“标准化、常态化、精细化、模块化、工厂化”五化管理

1. 安全文明规范标准化

依据国家电网建设业主有关安全文明标准化工地建设的要求和大盾构公司《安全文明施工标准化手册》，项目部制订了《大盾构公司苏通 GIL 综合管廊工程项目管理工作手册》共 24 章 171 条，及与此相适应的工作流程、图表等共 30 万字可操作性强的规范办法，其中规范安全施工的 1 章 12 条，是项目部管理的重点。以此为依据，项目部又制订了安全文明施工 58 个共 20 万字的具体可操作性强的标准和大盾构 GIL 综合管廊工程 3 章 69 条的《安全操作规程》。这些标准化规程规范了大盾构安全文明施工的所有行为，使各个生产环节符合有关生产法律法规和标准规范的要求；人、机、物、环境处于良好的生产状态，并持续改正；使工程项目安全文明生产的每一道工艺流程、每一个生产环节、每一项具体工作都有章可循、有标准可衡量。让标准成为习惯，让习惯符合标准。

2. 安全文明施工常态化

安全文明施工常态化，是保证不间断施工安全管理，严防死守安全施工大门的关键，通过实行“安全文明生产许可证”和“安全作业 AB 票”制度，建立项目部施工安全微信群、建立固有风险清册，实施过程风险动态管理、把“隐患当事故”，把“外事当内事”，开展常态化的安全事故隐患排查、抓好施工安全应急演练，实现安全文明施工常态化。

3. 安全生产模块化

针对梳理出的项目安全主要内容，将安全管理体系总结为九大模块，即：方案管理、风险管理、教育培训、基础安全、作业管理、分包管理、现场管理、隐患排查、应急管理。“九大模块”管理都贯穿到整个工程项

目的安全管理，形成了互相联系、互为条件的安全管理模块网络。

4. 工地管理工厂化

工地管理工厂化，即是将工厂管理模式移置到施工现场，将流动的施工现场变为固定的工厂车间。通过“目视化、定量化、标准化、常态化”，引入工厂现场“5S”管理模式。引入的“5S”工地管理模式包括：整理（将工地安全施工管理必需品与非必需品分开，在自己岗位上只放置作业必需品）、整顿（对现场所需工具、物件，清楚无误地寻找，既缩短安全施工准备时间，又能随时保持安全生产用品立即可取的状态）、清扫（将作业岗位、施工现场、盾构机部件内变得无垃圾、无灰尘、无烟雾、无易燃易爆物品、无影响盾构机操作和安全施工的物件或障碍）、整洁（经常保养、擦拭、整理好盾构机械部件和打扫施工现场，使洞内洞外配件、机具、材料堆码标准化、管理制度化）、素养（对于规定了的安全生产制度办法、规范标准，大家都能严格执行，自觉遵守，养成习惯），通过施工安全“5S”管理，达到第六个“S——Safety”，即安全。

5. 盾构机施工管理精细化

GIL 综合管廊工程施工的主体是大直径盾构机，因此，项目管理的重点也在盾构机施工上，施工难点及风险点也在这一点上，通过选好安全适应性盾构机、抓好盾构机吊运安装安全、保障盾构机始发安全、强化盾构机施工过程的安全、确保盾构机到达出洞安全五方面措施实现盾构管理科学化、精细化。

（五）加强对员工的培训，提升工程项目施工安全、管理水平和员工的操作能力

1. 贯彻“本质安全”理念

“本质安全”是国内所有企业近年来所推行的一种安全管理理念，是指通过设计等手段使生产设备或生产系统本身具有安全性，即使在误操作或发生故障的情况下也不会造成事故的功能。具体包括失误—安全（误操作不会导致事故发生或自动阻止误操作）、故障—安全功能（设备、工艺

发生故障时还能暂时正常工作或自动转变安全状态)。引用到工程项目施工安全管理上，就是要求施工现场达到即使一个对现场毫无了解的人进入现场，由于现场安全防护规范、到位，达到“本质安全”的要求，使这个人也没有被伤害的可能。项目部注重对员工“本质安全”理念的贯彻，使员工尽可能消除不安全思想，消除现场不安全因素、不安全环境和不安全状态，增强自我保护和保护他人的意识，确保安全事故的可能性降到最低点。

2. 注重全员安全理论学习

组织员工学习“海恩”法则和墨菲定律。海恩法则是推行“隐患排查”的理论依据。海恩法则指出，“每一起严重事故的背后，必然有29次轻微事故和300起未遂先兆以及1000起事故隐患”。项目部依据这一理论，在落实集团公司安全生产隐患排查时，组织职工自我排查在施工中的安全隐患案例，“小题大做”地分析安全隐患可能给自己、给他人或被他人带来的危害，对“未遂先兆”的小隐患、小意外，进行“放大”排查，强化“安全无小事”的理念，以防“小的隐患”的积累转化成大的事故。

3. 加强全员安全培训

为了提高全体员工安全生产意识和岗位技能安全操作水平，增强自我保护能力，项目部采取请专家讲课、以老带新、送出去专业培训等方法，加强对新进场员工、盾构机施工关键岗位员工、负责工地安全专兼职人员分期分批进行培训，提高大家的安全意识和岗位安全操作水平。

4. 借鉴外部安全事故教训

项目部制订了《苏通GIL综合管廊工程大直径施工风险及应急预案研究报告》(简称《应急预案报告》)，在这个应急预案报告中分析了盾构施工在盾构机组装、吊装、始发、推进、穿越、到达及出洞拆除期间的风险，同时对国内外盾构施工现状进行了调研，引用了国内外多名盾构机专家、地质专家、地下工程专家对安全施工的一些论述，并编入了国内外10多家盾构施工企业在穿江过河中发生的安全事故及所产生的原因。在制订《应急预案报告》时，项目部有意识地组织员工参与，让大家从反面吸取教训，树立和遵循“地下工程以风险管控为核心”的理念，全方位坚持“地质是基础、盾构机是关键、人是根本的原则”，消除“风险转嫁保险”“保险拯救事故”的观念，提高全员安全防风险意识。

三、案例取得的成效

（一）适应了新形势下工程项目管理的新要求，提升了项目管理的水平

在以项目经理为首的项目管理团队的带领下，项目部全体管理人员认真学习建设单位的有关规定、规范以及电网管廊建设的新标准、新技术、新工艺、新方法，更新思想观念，创新管理理念，适应建设单位要求，构建新的项目管理模式，转变传统项目管理理念，总结和提炼了一系列新的项目管理办法，积累一套近30万字的《苏通GIL综合管廊工程项目施工管理工作手册》及与之相配套的工作流程，并在实际工作中取得了显著成效，提升了水底大盾构隧道施工管理水平。该工程自开工建设以来始终以“安全第一、质量至上、有序推进”的施工原则，贯彻落实建设单位相关要求。国家电网公司、中铁十四局集团公司以及同行业建设者先后组织了100多次近5000名行业内管理人员及技术人员到施工现场观摩学习，互相交流施工管理方法及经验。

（二）突破复杂地质条件下江底管廊施工层层风险，积累多项安全施工创新管理经验

苏通GIL综合管廊工程地质条件复杂，项目风险评估初期涉及“五大”关键性风险。项目领导团队及全体管理人员共同努力，在盾构掘进施工过程中不断优化方式方法，采取新工艺、新技术，成功穿越长江南岸大堤、有害气体地层、江中深槽段等关键性高风险地段，克服不良地质可能给盾构施工带来的塌方、冒顶、涌水涌砂等层层困难，无伤亡、无伤害、无衍生事故及人机损失，实现安全生产700天。在施工过程中积累和

总结了大直径泥水盾构短时间组装调试、隧道长距离无轨物料运输、江底深槽不良地质条件下掘进施工、管廊隧道有害气体防治、深基坑开挖涌水涌砂抢险、端头冷冻法施工、盾构机施工安全“五化”管理等10多项施工安全创新管理经验，得到国家电网和集团公司有关施工企业的大力推广。

（三）锻炼了一支大直径盾构项目施工管理团队，培养了一批项目管理人才及技术骨干

苏通GIL综合管廊工程项目部的管理团队平均年龄28岁，其中年龄最大的59岁，年龄最小的20岁。本科及以上学历40人，占团队总数的50%，是一个年轻、有知识、富有朝气的团队。该团队此前无一人有过如此长距离、高水压、含有害气体等复杂地质条件下施工的经验。36岁的项目经理陈鹏虽然有过“三穿长江”的施工技术及骄人业绩，但也是第一次负责国家电网交流特高压输变电管廊的建设。两年的施工管理及实践，让他带领的团队掌握了多种新的管理知识和施工工法，每一名管理人员在各自的岗位上能够快速发挥作用，团队的创新意识、整体意识、管理水平有了很大的提高。项目经理陈鹏在实践中培养了一大批创新型人才，不仅培养锻炼了一批新的技术骨干、管理行家、操作能手、建设工匠，还向公司内外及社会各界输送了多名管理骨干和技术骨干。

（四）实现了项目预期的管理目标，获得了良好的社会效益和经济效益

苏通GIL综合管廊工程项目是国家电网工程建设中直径最大、一次性开挖距离最长、施工难度最大的创新型控制性工程，受到了从国家电网公司总部、国网江苏省电力有限公司和江苏、上海、安徽等省市有关方面的高度关注。项目施工过程中，国家电网及其下属的国网江苏省电力有限公司全方位跟踪施工动态，全面掌握施工进度，施工过程中的每一个重要环节都有他们的参与。项目部管理人员在施工过程中坚持安全第一、质量

至上、有序推进、精细管理、科学施工、不畏艰难、不讲条件的铁道兵精神深深感动了他们，国家电网公司先后多次在中铁十四局大盾构公司苏通 GIL 综合管廊工程项目部召开现场会议，组织国家电网公司总部 60 多名司局长和分公司经理到施工现场指导观摩，邀请项目经理陈鹏介绍该工程项目施工安全、质量管理经验，先进科学的管理经验在国家电网系统内得到大力推广。苏通 GIL 综合管廊工程项目部在施工过程中不断积累并实施大盾构施工安全“五化”管理，全力保障施工安全及施工质量，降低了施工成本。由于对项目安全风险评估到位、采取的防患施工安全措施到位、在施工过程中工作落实到位、安全成本控制到位，仅更换盾尾刷、带压作业换刀和修复刀盘等就总计规避施工风险成本支出 5536 万元，总体施工效益相比预期目标增加了 8000 万元，实现社会效益与经济效益双丰收。

目前，《苏通 GIL 综合管廊工程施工安全“五化”管理》创新成果已在中铁十四局集团内部广泛推广采用，以施工安全为主体的工程项目管理转型升级正在全集团内部全面开展。

四、总结及展望

2022 年，中共中央办公厅、国务院办公厅印发了《关于推进社会信用体系建设高质量发展促进形成新发展格局的意见》，文件指出，完善的社会信用体系是供需有效衔接的重要保障，是资源优化配置的坚实基础，是良好营商环境的重要组成部分，对促进国民经济循环高效畅通、构建新发展格局具有重要意义。

“十四五”期间公司将以推动信用体系建设实现企业高质量发展，立足企业发展全局，整体布局、突出重点，有序推进各单位各领域信用建设。积极探索创新，运用信用理念和方式解决制约企业发展的难点、堵点、痛点问题。充分调动各单位积极性创造性，发挥企业“大风控”管理的基础，发挥总部在组织协调、监督管理等方面的作用，形成推进企业信用体系建设高质量发展合力。一是加强党的领导。坚持和加强党对社会信用体系建设工作的领导，建立健全统筹协调机制，将社会信用体系建设纳入高质量发展综合绩效评价。二是强化制度保障。发挥“大风控”管理的基础，进一步完善信用体系建设的规章制度，建立健全公司本级及所属项目部信用承诺、信用评价、信用分级分类监管、信用激励惩戒等制度；三是加强安全保护。严格落实信息安全保护责任，规范企业信用查询适用权限和程序，依法保护企业秘密。

张克川　中铁十四局集团大盾构工程有限公司综合部副部长

追梦在路上

——江苏省高邮农村商业银行营业办公大楼争创国优纪实

王纬经　薛　丰

2021 年 9 月 18 日，江苏省高邮农村商业银行营业办公大楼工程，经过建设单位、管理单位、监理单位、设计单位四方验收，实现了按期交付。作为施工单位的江苏省龙源润泽建工集团有限公司，他们以争创国家优质工程为目标，发扬建筑工匠精神，用勤劳和智慧打造了“邮城”又一个地标式建筑，给高邮这个“全国文明城市”增添了又一个闪亮的名片，书写了新时代高邮建设的又一个崭新篇章。

一、高点定位，创优目标更具追求

江苏省高邮农商行营业办公大楼项目，总建筑面积 49415.6m^2，地下 1 层、地上 19 层，于 2018 年 9 月 18 日开工建设。该工程是高邮市城市建设重点工程、标志性建筑，项目体量大、业主要求高，上级领导关心，社会各界关注。项目中标后，公司董事会迅速反应，全面谋划，把江苏省高邮农商行营业办公大楼项目（简称“农商行项目”）作为公司一号工程，举全公司之力合力推进。

（一）搭建组织架构

成立了农商行项目建设指挥部和项目部，王超总经理亲自担任总指挥，胡福海总工程师担任项目经理；明确了有关高管为现场指挥、公司技术骨干为管理人员；成立了工程技术组、质量安全组、材料设备组、成本预算组、劳资综合组等专门工作小组。同时要求，公司所有部门工作必须服务于、服从于农商行项目，所有员工必须听从指挥部和项目部统一安排，凡是涉及农商行项目建设的需办事项，一律做到随叫随到，按时完成。

（二）制定创优目标

全力打造成创优夺牌精品工程、对外形象满意工程、精致管理示范工程、甲方认可放心工程。在工程质量目标上，主体结构达到优质结构标准，确保获得“扬子杯”，争创国家优质工程；在安全文明施工目标上，达到江苏省“三星级”文明示范工地标准，创国家AAA级安全文明标准化诚信工地；在科技创新上，创省（部）以上新技术应用示范工程，获得省（部）级及以上工法、质量控制（QC）、发明专利、实用新型专利；在绿色施工目标上，创成全国绿色施工示范工程。

（三）超前创优策划

抽调精兵强将成立了农商行项目创国家优质工程领导小组，由总工办全面统筹。在管理措施上，全面完善质量保证体系，配备高素质质量管理人员；强化质量目标过程管理，以工程质量总体目标制定详细阶段目标；坚持方案先行、样板引路，严格过程控制，确保一次成优。在工作重点上，突出地基与基础、钢筋工程、模板工程、混凝土工程、砌体工程、屋面工程、装饰工程、安装工程、专业机房九个方面，细化施工方案，确保方案、措施的针对性、先进性和可行性。在关键环节上，围绕做精做优，做好综合布局，确保细部工程达到“一居中”“二对齐”“三成线”“九个一样”要求，形成比较完整的空间构造体系。在科技投入上，与扬州大学建立了校企合作，采用住建部及江苏省推广的建筑业十项新技术、新工艺，加大科技含量，开展“QC”小组技术攻关，把科技创新不断地推向深入，为提高工程质量提供保障。

二、绿色智慧，科技引领更具魅力

在市委、市政府领导和主管局的关心指导下，工程建设以智慧工地、智慧安监建设为载体，全力推进安全文明工地建设，全力提升工程科技化水平。

（一）全面推进智慧工地建设

建立了包含安全管理、质量管理、劳务管理等系统的智慧工地管理平台，其中包括环境监测、高支模监测、智能安全帽、BIM、VR安全教育管理、视频监控、吊钩可视化、塔式起重机安全管理、卸料平台安全管理、施工电梯安全管理、临边防护报警、智能水表、智能电表等14个子系统。在人员监控上，通过人脸识别门禁管理系统，掌握作业人员出勤出工情况；通过智能安全帽定位，掌握作业人员在岗分布情况。在机械设备监控上，通过智慧平台掌握机械设备的使用状态，如通过塔式起重机安全管理系统和吊钩可视化，进行起重设备操作人员身份识别，掌握起重设备运行状态。在材料监控上，通过视频监控，掌握各项建筑材料有序堆放、加工材料安全操作特别是动火作业安全状况。通过深基坑监测、高支模监测等平台建设，实现了对危大工程的实时监控。安排专人负责智慧工地建设，对安全员在临边洞口、加工棚、塔式起重机、配电房等设置的13个危险源排查点排查出来的安全隐患的上传记录，以及作业人员通过“隐患随手拍”等方式上传的现场安全隐患，进行交办督办，确保立行立改。

（二）全面推进智慧安监建设

健全安全生产标准化管理体系，成立了以法定代表人为第一责任人的企业安全生产管理体系；项目部建立了以项目经理为第一责任人，以现场负责人、项目技术负责人、安全总监、专职安全员为主要成员的施工现场安全管理团队，实施项目安全生成标准化工作。细化了安全生产“一必须五到位”责任清单，签订了安全生产责任书。实现安全设施定型化，保障了安全生产标准化。基础施工阶段，基坑配备定型化人员上下专用通道，在基坑四周设立定型化防护栏杆。各类加工棚采用定型化的防护棚，“四口五临边”采用定型化防护栏杆。临时用电采用三级配电、TN-S 接零保护、二级漏电保护系统，达到“一机一闸一漏一箱”的要求。

（三）全面推进绿色工地建设

围绕“四节一环保”，现场采用太阳能路灯、节能灯具等节能措施。为节约土地，现场施工操作场地全部布置在地下室顶板上，地下室周边除必要的施工道路外，全部进行绿化处理。在地下室周边绿化带内设置了雨水管网，将雨水、基坑降水收集、沉淀后用于消防、喷淋、车辆冲洗用水。卫生间采用节水冲洗设备。结合智慧工地，现场采用了智能水表系统。利用废旧模板制作了临时围挡及绿化隔离栅栏，利用短钢筋头制作雨水箅子、幕墙埋件铁脚。现场安装环境监测设备，并与现场喷淋系统联动，实现全天候定时自动喷淋降尘。

安全、绿色、智慧工地建设和 BIM 技术应用，受到了社会各界的高度赞誉和肯定。先后被评为扬州市 2019 年度建筑施工扬尘治理信得过项目、扬州市建筑产业现代化优秀项目、扬州市建筑施工文明工地、扬州市建筑工程安全标准化暨智慧安监现场观摩项目、扬州市优质结构工程、优秀项目经理部，成功举办了扬州市质量、安全标准化及智慧工地现场观摩会和现场消防演练；同时，获得了江苏省建筑施工质量安全标准化绿色智慧示范观摩工地、江苏省建筑施工标准化三星级工地项目和国家级“2020 年建设工程项目施工工地安全生产标准化学习交流项目”，并授予“全国建设工程项目施工安全标准化工地”称号，高分通过了江苏省建筑业协会和中国施工企业管理协会专家组项目绿色建造施工水平过程评价。

“润泽样本”（图 1），是龙源润泽人项目管理的经验总结，也是企业精神的重要内容，“润泽样本”的核心就是精细管理。

图1 效应彰显，“润泽样本”更具特色

（四）建立项目定期汇报制度

为了实现对农商行项目跟踪管理、全程管理，公司董事会决定实行农商行项目向董事会季度汇报制度，王殿祥董事长亲自主持并提出工作要求。通过听取项目现场管理工作情况的汇报，检查工程进度是否按照总工期计划指标完成到位，现场质量、安全、管理是否按照国优要求进行；通过听取工程创优夺牌进展情况的汇报，检查现场质量、施工资料是否对照国优标准按节点规范到位，资料收集有没有按照标准、时间收集到位。同时，对于项目部现场提请董事会决定、协调的事项，实行现场办公，就地解决，确保无缝对接，确保各项创优措施落地落实。

（五）突出项目“五位一体”建设

围绕安全、质量、进度、管理、创新，严抓严管，确保项目建设有序高效推进。在安全上，坚持用好“安全三宝”、做到“四口防护”、严控“五个临边”、严把“十道关口”，不折不扣守住安全生产底线。在质量上，规范施工流程，未经项目经理同意，不得擅自变更方案内容，更不得不按方案内容施工；全面接受主管部门、业主方、管理公司、监理公司、公司工程部项目管理检查，及时抓好各项工作整改。在进度上，克服新冠疫情、特殊气候带来的影响，严格时间节点，倒逼序时，细化方案，制定预案，有条不紊推进。在管理上，围绕精细规范，始终把制度管理和成本管理作为重点抓在手中；制定了农商行项目部具体管理制度和《工程评估管理细则》；严格执行材料统一采购，严格价格比对，严格材料质量，严格入库手续，确保成本支出控制在可控范围。在创新上，围绕智慧化工地建设，充分发挥校企合作和 QC 小组的优势和作用，加大科技创新力度。完成了人员登记、人员合同、人证对比等劳务实名制考勤管理；完善了江苏省建筑工人信息管理平台和瑞奥风劳务管理系统；完成了询价对比平台创建和场布软件、斑马进度、塔式起重机吊钩盲区可视化、扬尘监控与自动降尘系统、BIM5D 等创建。共完成省市工法 18 项、QC 成果 22 项，实用新型专利授权 8 项、发明专利受理 6 项，其中 1 项 QC 成果获得国家级一等奖。

（六）实现项目全程督查督办

公司督查办，按照公司董事会的要求，对项目建设重大事项特别是“五位一体”推进情况进行跟踪督查督办，每周形成书面督查报告。一是围绕现场管理进行督查。按照“既要保证各项制度刚性执行，又要保证各项制度自觉遵守”的要求，突出“关键少数”，充分发挥班组长的特殊作用，带好队伍，共同管理；突出“关键环节”，充分发挥典型引领的示范作用，以群教群，整体提高；突出“关键人物”，充分发挥令行禁止的警示作用，狠刹苗头，绝不手软。二是围绕安全、质量存在的问题整改进行督查。公司督查办会同公司工程部，对上级主管部门、管理公司、监理单位每周例会以及安全文明检查提出的整改意见，进行跟踪督办、销项管理，确保各项措施落地落实。三是围绕创优夺牌进行督查。按照国家优质工程创建要求，对施工技术管理资料、工程质量控制资料、施工试验报告以及见证检测报告、隐蔽工程验收记录、工程安全和功能检验资料、工程验收记录等资料收集、立卷、编目情况，定期进行检查，确保各项资料按期搜集归档，保证各项资料都有可追溯性。在此基础上，公司董事会、总经理办公会议还通过专题会议、推进会议的形式，对项目建设提出要求，确保整个工程达到了预期目标。

我们坚信，随着“国优奖”申报时间节点的进一步临近，江苏省高邮农村商业银行营业办公大楼创成国家优质工程指日可待！

王纬经　江苏省龙源润泽建工集团有限公司通信员
薛　丰　高邮市建筑业协会副秘书长

点燃“红色引擎”，助推高质量发展动力

朱　强

一、案例背景

习近平总书记高度重视民营企业党建工作，做出一系列重要指示批示，为民营企业党建指明了前进方向、注入了强大动力。民营企业党建是党建工作的重要组成部分，在民营企业中发挥党组织的思想引领、组织凝聚等优势，既是实现全面从严治党目标，也是助推民营企业高质量发展的重要抓手。南京明辉建设集团成立于1977年，原名溧水县水利建筑工程公司，2003年年底改制，2009年进行资源优化整合，组建成“南京明辉建设集团”。集团党总支目前共有正式党员65名，总支下设5个党支部。

作为溧水区建筑业龙头企业，明辉建设在多年的发展中，深深地感悟到：党的建设就是企业的“红色引擎”，高质量党建是企业高质量发展最有力的保障。通过打造“党建加法”模式，筑牢红色基石，勇做红色先锋，厚植红色文化，最大限度地把党的政治优势转化为企业发展优势，企业规模实力和品牌影响不断扩大。2021年，公司全年实现产值70亿元，取得了不断攀升的企业发展“乘”效。公司先后荣获“全国优秀水利企业”“全国优秀施工企业”“全国重合同守信用企业”“中国工程建设企业社会信用评价AAA企业”“中国建筑业成长性百强企业”“江苏省建筑竞争力百强企业”“江苏省建筑最佳企业”“江苏省建筑业优秀企业”等一系列荣誉。

二、做法成效

（一）加强组织领导，打造企业一线“红色阵地”

非公企业党组织是党在非公企业中的战斗堡垒，在企业发展中发挥

政治引领作用。明辉建设集团先后在云南、河南、江西、东北等地成立多处分公司，65 名党员遍布全国多处分支机构。党总支积极探索符合建筑企业实际的党员管理机制，扎实推进“红色工地”建设（图 1）、实现党建工作全覆盖的重要举措，旨在将党建工作真正下沉到基层、把战斗力凝聚在基层，以党建工作高质量引领工程建设高质量，提升基层党组织的组织力和战斗力。截至目前，公司在外地分公司累计建立 10 余个项目部党支部。

图 1　明辉公司打造“红色阵地”

支部建在项目上，党旗插在工地上，党员冲在最前面。集团党总支总结提炼党建实践中的固定动作、创新经验、优秀做法，按照“工程项目建设到哪里、党建工作就延伸到哪里、党员先锋模范作用就发挥到哪里”的整体思路，推动党建与工程建设深度融合，将临时党支部的组织优势、政治优势转化为推动项目建设的强大动力，为公司高质量发展贡献出更多的“红色生产力”。

（二）深化主题教育，确保党员学习“全面覆盖”

集团党总支坚持以习近平新时代中国特色社会主义思想及习近平总书记

系列安全生产重要论述为主要内容，抓好党员干部理想信念教育，牢固树立“四个意识”，坚定“四个自信”，组织全体党员同志重点学习党的十九大系列报告和党章党规，在为每位党员下发了《习近平谈治国理政》以及《习近平新时代中国特色社会主义思想学习纲要》的基础上，按阶段梳理任务清单并下发至各党支部，制定了党员个人学习计划，确保主题教育“支部一个不少、党员一个不落”。

踏寻红色遗迹、传承红色基因。明辉党总支以理论学习、现场教学相结合方式，积极组织党员同志重走长征路、重温井冈山艰苦岁月、纪念碑前重温入党誓词……不断加强文化宣传阵地建设，是公司推进党史学习教育的有效举措，进一步增强了党总支的凝聚力和战斗力（图 2）。

图 2　明辉党总支扎实推进党史学习教育

（三）勇担社会责任，塑造社会担当“品牌形象”

企业有界，党建无边，公益无疆。党总支以奉献社会作为企业发展的厚重底色，勇担社会责任，争做公益的先行者和倡导者，在全公司营造党员示范、人人参与、共筑新风的浓厚公益氛围，树立了良好的企业品牌形象。

面对新冠疫情严峻形势，明辉党总支积极响应区委区政府相关要求，主动担起防疫责任，为溧水区“防疫抗新冠”积极伸出援手。从疫情初始至今，累计向溧水区慈善总会、溧水区红十字会和溧水经济开发区捐款200余万元，为一线防疫人员送去30万元慰问品。同时，公司响应区政府号召，公司高层领导第一时间自发组成防疫志愿队，援助疫情防控一线，总经理、副总经理带头冲锋，带领全体党员、预备党员、公司骨干等全力支援溧水疫情防控。

南京明辉建设集团坚持把履行社会责任当作打造和提升企业形象的重要举措，坚持把服务回馈社会作为企业义不容辞的责任。积极参与扶贫救助工作，积极参加各项公益活动，弘扬慈善文化的教育，倡导抢险救灾、扶老助残、济困助学的良好风尚。为灾区、老年人等困难团体捐款上百万元，认捐溧水区慈善总会1000万元，取得了较大的社会反响，获“江苏建筑行业抗击新冠疫情表现突出集体”“南京慈善先进单位”“市红十字会先进集体”、区“人道公益事业杰出贡献奖”。

三、经验启示

（一）要坚持树立政治引领

习近平总书记指出，民营企业搞党建不是一种形式的、功利的想法，要真正拥护党的理念，做到心中有党，民营企业的党建工作就大有可为。明辉党总支从成立之初就提出，无论企业做多大，走多远，要始终坚持“感党恩、跟党走”的初心使命不动摇。由公司董事长担任党总支书记，让党的方针路线在集团贯彻更深入，更有利于党总支发挥政治核心和文化引领，能够把党建工作和经济建设有机融合，促进集团高质量发展。

（二）要坚持抓好制度管理

明辉党总支坚持树立“围绕经济抓党建，抓好党建促发展”的理念，认真贯彻《党支部工作条例》，坚持“用制度管人管事”，把制度覆盖到经营管理的各个方面，领导班子带头遵守，坚持以上率下，制度挺前，充分发挥了党员在企业各方面的先锋模范作用，形成了全集团上下“比学赶超”的良好工作氛围。

（三）要坚持加强文化凝聚

明辉党总支始终坚持党管文化，将红色基因厚植在企业文化的沃土上，通过不断丰富企业文化建设，切实将党建工作载入企业文化，通过打造企业党群阵地，开展各类主题教育、知识竞赛、红色之旅等活动，营造多角度、立体化的企业文化精神，进一步增强了企业的向心凝聚力。

朱　强　南京明辉建设有限公司办公室主任

诚信为本引擎企业高质量发展

王　韵

诚信经营是企业赖以生存的最基本的“法则”之一，其本质就是法治，是市场主体依据市场经济的基本规律在交易过程中确立的一种制度安排。在现代经济活动中，从商品市场的买卖到资本市场的借贷，从要素市场上的交易到证券市场上的交付等，无不体现着诚信经营。纵观这些年来，国内外许多企业，甚至是有些知名企业也出现了诚信缺失、违规操作、弄虚作假等不良现象，直接破坏了全社会乃至全球的信用环境，导致企业萎缩或破产。国内外企业的荣辱成败都证明了一个普遍原则——“诚信原则”。它是企业生存与发展的前提，诚信为本，恪守信用，才是企业兴盛的应有之道，才能引擎企业高质量发展。

一、诚信是企业的无形资产

企业要发展就必须树立品牌形象，重视在诚信经营基础上积累与升华形成的信誉。在当前信息技术飞速发展的时代，企业间的竞争逐渐转向综合性的企业信誉竞争，由诚信形成的信誉成为企业宝贵的无形资产。为了打造企业品牌，我们坚持打好“信守承诺”这张牌。围绕“施工要精、服务要诚、速度要快、质量要好”的总体要求，实施诚信经营战略。为确保工程质量、铸造精品工程，为了让工程如期交付，我们夏战酷暑，冬冒严寒，秋顶风霜。

2017 年盛夏，扬州长青大厦（总建筑面积 7.1 万 m^2）工地施工正在如火如荼进行，按合同约定该工程质量目标是获“国优奖”。为实现这个承诺，项目技术负责人董为民整日泡在工地上，现场解决每个技术难题，晚上对着图纸挑灯夜战，编制专题方案，攻关技术难点，一丝不苟，任劳任怨。由于长时间的辛劳，积劳成疾，有一天中午，董为民疼痛难忍，竟晕倒在建筑工地上。后经医院检查，董为民患上胰腺炎，医生说这是累出来的病，并特别叮嘱他要注意休息，可他没放在心上，在医院董为民还是放不下工地上的事，没等医生同意出院，就又返回到施工一线上去了。

是啊！江建人为了一个“诚”字，任劳任怨、无怨无悔、乐于奉献、勇于担当。从而铸就了“责任、传承、创新、笃行”的江建精神……最终长青大厦在项目部全部员工共同努力下，于2019年最终夺得国家优质工程奖，实现了当初的合同承诺。

这是江建本土的一个案例，江建集团项目分布“东西南北中”，为了诚信，类似这样的案例还有很多。1997年在广东省茂名石化厂硫磺回收装置大检修中，为了不影响生产，我们立下军令状，确保回收装置正常运转，公司2名员工在做好防护措施后，数次冒着600℃的高温，置身回收装置核心区域进行抢修，彻底地解决装置故障，使生产正常运行，厂领导班子十分感动，给予了特别嘉奖。

在黑龙江施工驻地，我们接到大庆石化总厂紧急任务，要求赶赴林源炼油厂，年内完成一整套气体分馏装置项目，当时的林源 −30℃，相对大庆的施工基地条件更加艰苦，处处困难重重。任务就是命令，一支100多人的安装突击队在没有作任何动员的情况下，挺身而出，领取任务。他们迅速奔赴林源炼油厂施工一线，没有节假日，没有一个人退缩，他们一干就是一年，实现了工期承诺，并一次验收成功交付，大庆石化总厂召开现场会给予高度评价，并赠送锦旗以示表彰。

为了实现对质量的承诺，我们精益求精，从不打一个马虎眼，从不放过一个微小的细节。江建的员工们清楚地记得在深圳中国人民银行施工现场，有一根稍有偏移（在规定允许误差范围内）的柱子，在建设单位和工程监理均认为可以使用的情况下，而我们坚持砸掉重来，并立上一块警示牌：“时时记住这根柱子”。此后，此案例时刻警示着工程技术人员以高标准、严要求实现质量诺言。

正是有了这种意识的传承，我们在深圳施工的中国人民银行大厦工程取得了扬州地区首个“鲁班奖”。迄今我们共创国家级、省市级工程奖300余项，其中：“鲁班奖”9项、“国家优质工程奖”14项。赢得了“鲁班工程处”“过得硬的施工队伍”“特别能战斗的施工单位”“建筑神兵”等殊荣，获“中国建筑业全面质量管理金屋奖”“创建鲁班奖工程突出贡献奖”等荣誉称号。

二、诚信是通往市场的金色名片

一个企业的信用资信就是这个企业的名片，闯市场、求发展，这个名片的作用不可低估。

深圳特区原本是宝安县的一个小镇，到处是淤泥积水、蚊虫乱飞，水电不通，生活、施工条件极为艰苦。夏季的施工现场，更是骄阳似火、室外气温高达近50℃，就是强壮的汉子在如此烈日下也会头晕目眩。实在热得难受就舀一桶凉水往头上浇一浇，晚上没处洗澡就在河塘里和鸭子“争地盘”，洗得大家奇痒难忍……“一诺重千斤，诚信实可贵”就这样，江建人硬是靠着“吃三、睡五、干十六”的拼命精神，没有食言，创造了“三天一层楼”的施工奇迹，铸就了“深圳速度”的美誉。屈指算来我们在深圳已经度过了40个春秋，完成项目近500个，最高建筑62层，项目栋栋成优，合同履约100%，1998年被江都市政府誉为“江都建筑业的一面旗帜”。

20世纪90年代初我们响应国家西部大开发号召，万里挺进大西北。在青海黄土高坡上，我们克服高原缺氧的反应，风餐露宿，还是诚字当头，做足了守信的文章，合同约定的创优项目全部兑现，履约率100%。在青海10多年来，我们共获省部以上优质工程12项，青海盐湖研究所综合实验楼获全国装饰优质工程奖；西宁750kV变电站获国家优质工程“鲁班奖”。文明工地省级10个，国家级8个，名列“进青施工优秀企业”前茅。

江建集团以诚信弄潮建筑市场，如鱼得水，在社会担当、公益诚信方面也屡屡走在前头。2008 年“5.12”汶川大地震，江建在省建设系统统一部署下，180 人的抗震救灾突击队赴四川绵竹灾区参加过渡房建设，圆满地完成援建任务。在这场突如其来的新冠疫情面前，江建人更是以诚信和大义担当起疫情防控的责任。2020 年 2 月 1 日（农历正月初八）当人们还沉浸在节日温馨的气氛中时，江建集团紧急参加南京市公共卫生医疗中心（省传染病医院、收治新冠患者医院）应急工程建设。这是一场与时间赛跑与病魔对抗的硬仗，我们不计条件代价、放弃休假、整装待发，火速驰援应急工程。争分夺秒，夜以继日，比约定提前 3 天，高质量完成建设任务，再次彰显江建人“特别能战斗”的风采，完美诠释了“诚信、担当、责任、奉献”的诺言，同时集团总部组织捐款 78 万元分别汇往红十字会和区人民医院，用于疫情防控，多措并举配合政府打赢这场疫情防控阻击战，彰显了江建人的大义与担当。

三、诚信引擎企业高质量发展

我们长期坚持诚信经营，取得了较高的社会信誉，赢得政府和社会的普遍认可，许多知名大企业、国企、央企、大开发商及上市公司主动与我们合作，使我们市场覆盖面不断扩张，经营规模迅速扩大。在南方市场上我们结识了恒裕、万科、佘氏、鸿基、深业、万仕达、绿地等 10 多家知名房地产开发商，建立了真诚可信的合作关系，在深圳特区市场上“争高揽大”，先后承建了 62 层、建筑面积 18.7 万 m^2 的彭年广场大厦，50 层万科俊园、49 层的皇都大厦；总建筑面积 55 万 m^2，合同造价 26 亿元，建筑高度 210m，4 栋 50 层的深圳南油工业区福华厂区域更新单元项目；多栋 46 层的香山里花园四期、五期项目；48 层的海南置地广场等标志性建筑。在深圳 300 多家施工企业中脱颖而出，名列前茅。在新疆，我们凭借良好的信誉，近几年，年年在手项目达 40 多个，施工队伍遍及天山南北。在北京，我们参加奥运场馆建设，获得“首都劳动奖章”，成为扬州地区唯一获此殊荣的建设者。经营范围辐射天津、内蒙古、邯郸、石家庄、沈阳、营口等北方市场。近三年，我们放大诚信经营品牌效应，在稳定南京、上海、山东、深圳、珠海、新疆、青海、太原、合肥等老市场的基础上又先后开发西安、武汉、郑州、宜昌、荆门、南昌、广西、宁夏、海南等近10个新市场，2021年施工产值达184亿元，企业先后获“全国建筑业先进企业”“全国守合同重信用企业”“工程建设企业社会信用评价AAA企业”“江苏省建筑业综合实力百强企业”“江苏省劳动保障诚信示范单位”“AAA特级资信单位”等荣誉称号，名列市同行业前列。江建人凭诚信闯天下，赢得一片新天地。

时代呼唤诚信，企业发展离不开诚信，如果失去诚信，企业生存将是无源之水、无本之木，发展就更无从谈起。

王　韵　江苏省江建集团有限公司办公室主任

智慧农污管理平台系统赋能企业运营管理提升实践案例

孙立东　陈　刚　邓龙生　王秋英

一、案例背景

农村生活污水治理是农村人居环境改善的重要组成部分，也是实施乡村振兴战略的重要举措，中建生态环境作为中建集团实施“蓝海”战略的专业化水务环保公司、中建集团唯一的水务环保领域投资建设运营平台公司，为客户提供国内领先的生态环境系统解决方案。坚持以习近平新时代中国特色社会主义思想为指导，积极践行“绿水青山就是金山银山”理念，响应“双碳”目标，贯彻关于“要推进乡村生态振兴，坚持绿色发展，加强农村突出环境问题综合治理”的号召，以推动数字乡村建设为引领，以智能化运营为核心，针对农村污水治理中的痛点难点，创新打造出独特的智慧化运营；助力实现“天蓝、地绿、水清”，绘就美丽中国壮美山河画卷，为国家生态文明建设持续贡献“中建智慧”与“中建力量”。

二、主要做法

通过智慧运营网络系统和平台，在大面积分散式分布站点的情况下，实现生产实时监测、设备远程控制、水量自动调控、故障多维预测、告警自动调度、人员车辆跟踪定位等智能功能，打破传统运维模式，采用数字化治理和智能化运营，大幅降低人工和能耗成本。为农村污水治理运营提供生产监督、设备管理、人员管理、运维管理、指挥调度等智能化服务，是工业物联网技术、互联网技术、大数据及人工智能技术在农村污水治理的成功应用。

（一）平台应用架构

智慧管理平台系统采用面向服务（SOA）架构，B/S + M/S 系统体系结构，系统程序和数据存放在服务器端，通过浏览器实现 Web 端和移动端的系统浏览、监控、管理等功能使用。

1. 感知执行层

为应用系统提供最底层硬件支持，提供系统平台运行的基础环境，保证系统能稳定、安全、高效地运行。感知层主要实现现场仪表数据的在线监测及化验数据、工程进度情况、档案、运维结果等信息的感知、填报。在线监测主要是农村污水一体化处理站、处理槽、一体化提升在线监测仪表、工艺设备、电气设备、安防设备、监控设备等，是整个系统的最底层设备的感知和执行。

2. 传输网络层

此层为有线和无线传输介质，包括物联网、无线移动通信 4G 网络、有线光纤专线、Wi-Fi 网络等。主要实现数据的采集、接入以及数据在系统内以及系统与系统之间的数据交换与传输。

3. 数据服务层

实现数据在系统内以及系统与系统之间的数据交换与共享，集成地理信息系统（GIS）数据、在线监测数据、运维数据、视频数据，以及图片、文档、多媒体等的非结构化数据，实现多源、多格式、多类型数据的融合，对数据的多角度整合、分析、调用、交互、共享。

4. 应用层

平台提供用于用户使用的系统功能单元，包括数据分析与业务协同，主要包括农污设备生产运行管理、污水泵站生产运行管理、报表管理、设备管理系统、巡查管理、维修养护管理、人员绩效管理、APP 等。

5. 展示层

系统为用户提供多渠道的展现方式，可使用个人电脑（PC）客户端、移动终端访问本系统，可支持大屏投放，直观呈现辖区内农污一体化处理设备、处理槽、泵站的综合运营情况。

（二）平台网络拓扑

网络架构示意图见图 1。

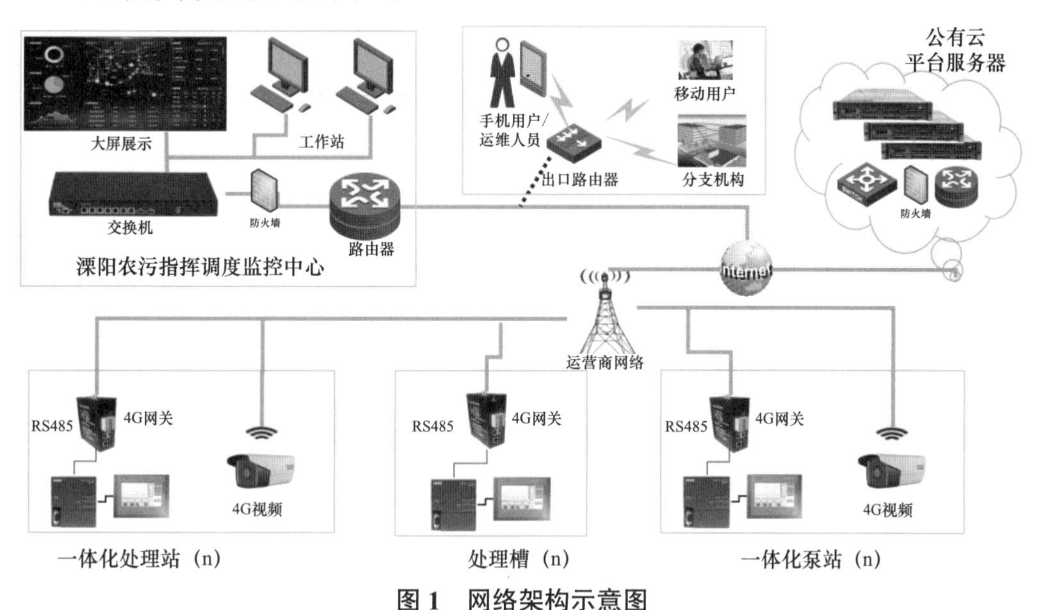

图 1　网络架构示意图

1. 公有云

本系统将采用公有云部署方案。公有云是部署云计算最常见的方式，也是现在云计算的主要模式和发展方向。公有云资源（如服务器和存储空间）通过互联网提供，所有硬件、软件和其他支持性基础结构由第三方云服务提供商拥有和运营，用户不用关心硬件和维护，只需根据需求购买相关资源即可。

相比于私有云，公有云具有以下优势：

（1）成本更低：无需购买硬件或软件，仅对使用的服务付费。

（2）无需维护：维护由服务提供商提供。

（3）近乎无限制的缩放性：提供按需资源，可满足业务需求。

（4）高可靠性：具备众多服务器，确保免受故障影响。

2. 智慧管理平台硬件

智慧管理平台管控中心主要系统及设备有：服务器系统、存储备份系统、安全系统、网络系统、监控中心工作站、大屏显示系统、防雷接地系统、机房配套设施等。

（1）服务器及存储备份系统

在公共云端租赁计算资源、存储资源，用于提供排污监管项目整体运营的数据服务、数据存储服务。

（2）网络交换及安全系统设备

智慧运维管控系统网络及安全设备的设计，在控制中心采用路由器负责移动线路运营商线路的接入；防火墙承担接入线路的安全防范工作；工业入侵检测系统负责实现对各工业控制网络系统的有效入侵检测。

网络交换及安全设备是整个智慧运维管控系统信息安全运行的保证，数据只有流畅、安全地通过信息网络的传递才能完成整个信息处理的过程。网络交换安全系统的架构离不了网络交换设备、防火墙、路由和VPN设备，同时为保证网络系统的安全、高效运行，设置网络设备管理软件必不可少。

（3）大屏显示系统

在控制中心监控室部署1套大屏显示系统，采用10.56m×2.43m LED（根据现场实际情况配置）背光高清液晶拼接屏，图像拼接控制器单独布置在设备机房的机柜内。

大屏显示系统管理计算机和控制器，通过显示操控软件实现大屏组态自定义控制，以及对整个大屏幕系统设备进行开关机，多种任意画面组合，可单屏、多屏、整屏等拼接显示模式。

（4）不间断电源系统（UPS）

在不间断电源室配置双电源自动切换配电柜、UPS不间断电源、UPS后配电柜。UPS装置的总输出容量根据控制中心监控系统硬件配置，不少于系统负荷的125%，以备将来负荷增加。

智慧管理平台监控站点设施现场主要设备有4G智能网关和视频监控系统。

4G智能网关搭建的互联网，将底层监控设备数据、PLC数据和仪器仪表数据上传至农村污水信息监管平台。

视频监控系统采用4G摄像头，直接连接互联网。用户通过视频管理系统，直接通过网络调取视频数据，查看现场实时情况。视频数据采用本地安全数字（SD）卡的存储方式，从而实现短期一定周期内视频可追溯，达到节约4G流量资源的目的。

（三）智慧管理平台软件

农村污水智慧管理平台为农污污水治理的管理和运行提供统一的运营和智慧管理平台界面。平台集成一体化处理站、净化槽及一体化泵站的自控、安防、资产管理、算法模型等多种应用数据，提供电脑登录和手机APP登录等多种操作体验，是实现智慧化运营的"智慧大脑"和"操作面板"。

软件按功能分为七大子系统：

（1）设施及设备工况监控子系统

本子系统作为智慧管理平台的监控子系统，主要对智慧管理平台数据进行监控呈现，主要包括以下模块：一张图监控模块、工艺过程数据监控模块、视频监控管理模块、BIM监控模块、大屏首页显示模块。

（2）故障告警及预案管理子系统

本系统以告警系统为基础，对所有的仪表、设备进行在线的告警、异常数据、故障等信息监测与控制，并且集成应急调度策略，是智慧管理平台的告警执行机构；主要包括：告警管理模块、异常数据管理模块、应急预案管理模块、应急指挥模块。

（3）运维服务及调度管理子系统

本部分是系统本身的运维、设施设备的运维以及运维人员调度管理子系统，包括巡检管理模块、设备管理模块、维护管理模块、调度管理模块、门禁管理模块、车辆管理模块。

（4）辅助决策及运营管理子系统

本系统主要涉及项目运营过程中一些管理需求功能，包括能耗管理模块、人员运维绩效管理模块、库房管理模块、手机卡流量管理模块、水质化验管理模块、值班管理模块、考试管理模块、知识库管理模块。

（5）数据统计及报表分析子系统

该系统主要是对运维过程中的数据加工处理并输出的子系统，包括报表管理模块、数据分析模块、水质分析模块。

（6）权限及应用支撑系统子系统

该系统是对智慧管理平台权限及基础数据进行管理，包括权限管理模块、组织机构管理模块、数据采集接口管理模块、资源管理模块、操作日志模块。

（7）移动端 APP 及辅助应用子系统

本部分是智慧管理平台的移动端，包括 APP（安卓）模块、微信小程序模块。

三、主要成效

该农村污水智慧管理系统成功应用，实现了智慧感知、智慧调度、智慧巡检、综合管理，实现了农村污水运营智慧化、管理规范化，有效提升了运营管理效率、降低了运维人工成本（图 2）。

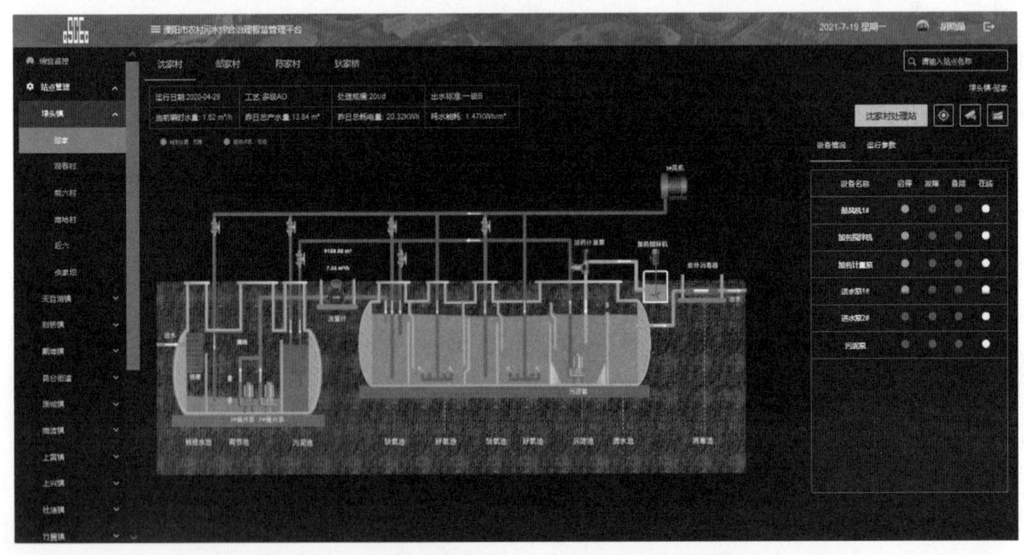

图 2　处理设施运行状态动态显示与管理

（一）智慧感知

通过物联网智能传感技术实时获取一体化处理设备、净化槽、提升泵站、传感器等的运行数据，监控设备的运行状态。通过积累海量的运行数据，形成运维模型，支持风险预测、问题分析。

系统使用前：人工定期巡检设备外观、工控数据，只能识别明显的外观损坏、断电、停机、异响等问题，已经影响了正常运营，严重时可能发生连锁反应，造成爆管、冒溢、上游设备损坏等问题，不仅影响污水处理效率，产生较大的经济损失，还会对村民的日常生活造成影响。

系统使用后：定期对设备进行电子巡检，检查设备的电压、功率等运行数据并进行分析，及时发现异常波动并产生告警，在设备停机前预先发现潜在的风险，极大降低了事故发生的频率。

（二）智慧调度

系统通过告警信息根据预先设置的告警级别规则，自动判断告警级别，基于全球定位系统（GPS）技术、GIS 技术，计算距离告警点最近的运维人员，自动派发任务工单，实时监管巡检处理的过程和结果，并进行归档存储，完成对告警全过程的闭环管理和跟踪，以便对事件进行追溯及对问题进行总结。

系统使用前：人工发现设备异常通知指挥中心生成告警，电话协调相关技术人员到现场解决，问题解决时效受当前技术人员的任务安排、路程距离影响，问题不能得到及时处理。事件的全过程不能实时归档，可能造成信息遗漏。

系统使用后：当触发一般报警时，工作人员可进行远程控制或重启；当触发较重报警时，可立即就近调度相应的运维人员处理，保证正常生产运营；当触发严重报警时，应立即停止生产运营，调度最近运维人员到现场处置。最大限度调配利用人员、车辆资源，做到第一时间响应，把损失降低到最低。

（三）智慧巡检

智慧巡检包括 PC 端巡检管理、智慧移动终端 APP。巡检管理分为电子巡检和人工巡检，支持巡检全流程跟踪管理，并对巡检结果进行统计分析，以提升工作效率，降低运维成本。人工巡检统一使用 APP 线上巡检，规范化巡检执行流程、巡检内容，使巡检工作便捷高效。

系统使用前：传统巡检使用人工上报巡检报表，巡检填报内容受巡检人员专业水平影响，可能造成巡检内容遗漏、巡检结果不能及时上报。纸质文件归档容易造成遗失、损坏，查找调取巡检记录时不便捷。传统巡检未对巡检结果进行统计。

系统使用后：PC 端统一制定巡检规则和计划、追踪管理巡检流程、追溯巡检轨迹、统计巡检结果，巡检人员通过巡检 APP 接受巡检任务、执行巡检任务、反馈巡检结果、上报异常告警。打通了完整的巡检流程和信息交互流程，根据统计结果辅助优化巡检计划、设备选型等工作，极大提升了巡检管理工作的效率。

（四）综合管理

以农村污水处理运营为核心，辅助运营的业务工作主要包括人员管理、车辆管理、设备管理、成本管理、知识库管理等，实现线上统一管理，实现常规管理信息化，提升了系统的综合管控能力。

系统使用前：缺乏对设备综合性管理，设备出入库管理、设备维修养护管理、运营成本管理等采用独立的本地管理模式，易造成数据丢失、数据更新不一致、数据调用不便捷、统计整理工作量大等问题。

系统使用后：系统根据设备库存数量自动生成采购订单并支持人工修订，保证备品备件充足。根据设备维修养护的数据统计和成本管理，可以辅助设备选型工作。根据人工成本、维护成本、采购成本等自动生成综合运营成本分析报表，辅助管理人员发现问题、优化运营方案、管理决策，实现各模块数据的连通共享，极大提升了管理效率。

四、经验启示

通过建设农村生活污水智慧运营平台监控系统，实现了农村生活污水综合治理项目运营管理的智慧化，优化了农村分散污水处理设施运营管理体系，提高了运营管理效率，加强了运营成本管控，降低了运营成本，实现了运营管理的提质增效；中建生态环境集团有限公司已在南京、江阴、溧阳等多地区项目成功应用该系统。

通过建设农村生活污水智慧运营平台监控系统，建立和完善了农村生活污水设备常用工艺组态图，熟悉了解各类农村生活污水处理工艺及成套设备电气控制与运行逻辑，为今后农村生活污水分散治理项目智慧化运维的实施建立了模型，为农污智慧化运营平台智能化提升提供了技术基础。

孙立东　中建生态环境集团有限公司华东分公司董事长
陈　刚　中建生态环境集团有限公司华东分公司总经理
邓龙生　中建生态环境集团有限公司华东分公司工程部经理
王秋英　中建生态环境集团有限公司华东分公司运营部经理

聚焦“专精特新”
打造世界一流大盾构企业

张克川

一、案例背景

在经济全球化的发展背景下，企业专业化分工成为充分利用资源，创造更高效益的必然选择。随着竞争越来越激烈，这种专业化分工使得产品的价值链或产业链被无限细分，形成了头部企业或龙头企业、“隐形冠军”等多种多样的企业。大盾构公司实施“专业＋聚焦”发展方针，坚持把“专、精、特、新”作为发展思路，使我们受益匪浅。成立以来，累计新签合同额 679.57 亿元、营业收入 374.37 亿元、利润 13.53 亿元，连续 4 年入选股份公司 20 强，位列股份公司“十大品牌”之首，成为“国内首家大盾构高新技术企业”，成功入选中国铁建首批“专精特新”企业，逐步打造成为行业标杆，企业核心竞争力进一步增强。

二、主要做法

（一）聚心专业化，培育大盾构核心优势

1. 坚持战略引领

“十三五”期间，按照集团公司“专业＋聚焦”发展方针，公司聚焦超大直径盾构和水下盾构隧道施工高端领域，打造专业品牌，致力于成为大盾构领域的建造专家和行业领军企业。大盾构业务占比从 2016 年的 45.94% 提升到了 2020 年的 97.15%，累计占比达到 74.9%，核心业务地位凸显。

2. 建设标杆项目

公司在京津冀、长三角、粤港澳大湾区等核心区域打造标杆项目，既作为展现管理水平、施工能力和企业形象的窗口，又作为培育核心市场的战略支点。建设期间，济南黄河隧道参观人数达10000余人次、苏通管廊参观人数达8000余人次、南京五桥夹江隧道参观人数达6000余人次等。公司通过打造大盾构标杆项目和“大盾构”品牌，为部分潜在客户培育了“大盾构”施工理念，不仅为地方政府在“桥隧”模式选择、经济比对方面实现了引导作用，还为设计单位提供“大盾构”案例和模板，实现了大盾构经营链条前置。如济南黄河隧道项目桥改隧，京张高铁项目明挖改盾构，南京五桥项目桥隧结合等。

3. 打造一流品牌

坚持把每一个大盾构项目打造成品牌工程，中央电视台新闻联播多次关注公司承建的大盾构项目。《焦点访谈》专题报道厦门地铁2号线海底隧道攻克“地质博物馆”取得重大技术成果。先后3次承办有院士、知名专家等参加的“长江中下游水下盾构技术高峰论坛”“大直径盾构隧道智能建造高峰论坛”“轨道交通创新发展峰会”等全国性技术会议。在中央级媒体刊稿767篇，其中新华社通稿101篇、中央电视台播报156次。2021年5月28日，在两院院士工作大会上提出“最大直径盾构机顺利始发”，极大提高了中铁十四局大盾构品牌影响力和企业美誉度。京张铁路清华园隧道见图1。

图1　京张铁路清华园隧道

（二）聚集精细化，助力项目高效率推进

1. 标准化建设

把标准化建设作为提升专项施工能力的抓手，编制并不断完善《盾构施工标准化手册》《安全文明施工标准化手册》《项目驻地标准化手册》，目前正在制定《土建施工标准化手册》，"能统一全统一"，实现项目业务全覆盖。《项目驻地标准化手册》将驻地建设标准按照区域标杆项目、一般大盾构项目和非大盾构项目 ABC 三个等级划分，突出模块化、工业风、可周转，如南京地铁 11 号线项目驻地建设比同类项目降低 30%、综合降本达 420 万元。《安全文明施工标准化手册》涵盖了工区材料库、周转材料等内容，相关设施的制作图纸流程一应俱全，确保通用实用，仅集装箱住房、爬行井架、行走步道和风水管路可节约 1700 多万元。

2. 精细化管理

借鉴国家电网项目管理经验，在苏通 GIL 综合管廊项目引入"5S"管理体系，实现了"盾构作业工厂化、文明施工常态化"（图 2），创造了大直径盾构月均掘进 417m 的新纪录，成型隧道无一渗漏点，被钱七虎院士誉为"又好又快，好字当头的行业标杆项目"。基于苏通经验编制《工程项目精细化管理手册》，正在全公司推进项目精细化管理和施工现场"5S"管理，北京东六环项目创造了 16m 大直径盾构机单月掘进进尺 542m 的世界纪录。

3. 清单化实施

在标准化、精细化基础上，自 2017 年苏州 5-12 标开始，公司通过不断实践总结，提出了"清单化"工作方法。通过台账式清单、核查式清单、总结式清单打通工作前、中、后全过程管理，形成工作主线一张图、重点工作一张表、月度重点工作清单、部门岗位责任清单、红线管理清单、工作日志清单等，并在工作中反复应用和实践，提高了在建项目的工作效率和履约能力。

图 2　通过精细化管理实现了“盾构作业工厂化、文明施工常态化”

（三）聚焦特色化，推动项目高质量管理

1. 创新项目管理模式

一是稳步推进模拟股份制。目前公司 7 个项目实行模拟股份制，1 个项目已完工考核，效果较好。下一步公司新中标非大盾构项目，原则上全部实行模拟股份制管理，真正地运用好这一新的管理模式，实现由项目“要我创效”到“我要创效”转变。以南京地铁 2 号线 09 标为例，项目实际合同额 6800 万元，合同工期 4 个月，目前该项目盈利 900 多万元，后期还将产生部分效益，同时该项目节省管理费用约 50 万元。目前实施的 7 个项目与常规项目相比管理人员减少 15% 左右、管理费降低 10% 左右。二是逐步探索项目群管理。组建南京、上海、武汉等 6 个项目群。按照“老项目老办法、新项目新办法”，通过“一拖二”或“一拖多”方式，将符合条件的新中标项目按照项目群管理模式组织实施。通过采取 8 项业务统一，减少资源重复配置的方式，实现资源互用共享，降低成本，提高效益。

2. 落实全员安全责任分解

通过分业务模块、分岗位对全员安全生产责任进行了多次分解细化修订，制定公司总部及项目部两级安全责任清单。公司总部安全责任清单涉及安全基础管理、风险管理等 9 大模块的 43 项管理责任和 89 项管理措施，强调了对口部门督导和落实阶段。项目部安全责任清单涉及现场管理、隐患排查整治等 9 大模块的 43 项管理责任和 132 项管理措施，明确了落实

记录、实施时间和频率。公司总部利用视频＋现场考试调度5000余人次，考试结果与项目绩效考核挂钩。

3. 重塑“大成本”管理体系

一是优化组织架构。成立大成本暨项目管理委员会、设备管理委员会、项目跟踪策划团队、调整项目管理中心职责、成立设算量中心和常规设备周转材料中心。二是坚持标前算赢。通过调整盾构掘进指标、增加风险加固措施等手段，新中标的5个项目，增加有效概算1.73亿元，增加综合效益5003万元，占原始概预算的1.94%。三是确保前期算准。重点围绕标准化、技术方案、安全、物资设备、大成本管理等环节进行清单式交底。2020年至今，开展前期策划的项目18个，增加工程费6.27亿元，利润2.35亿元，创效率1.02%。四是实现过程创效。设立专项台账，制定专项措施，开展周期督导和专项督导。公司二次经营率达到14.5%，武汉和平大道南延项目概算调整预计达30%（2.9亿元），厦门地铁2号线项目变更索赔2.5亿元，预计最终实现利润6890万元，超出目标4340万元。

（四）聚力新颖化，提升项目高水平建造

1. 掌握现场实用技术

公司将项目现场作为科创实验室，围绕管片上浮、孤石处理等普遍问题，开展实用技术研发，成功解决了许多盾构现场长期存在的疑难杂症，形成实用价值成果40余项；围绕泥浆绿色处理、盾构进舱检查机器人等开展应用创新，研发了通用始发反力架、大型箱涵精细拼装等成果，“废弃浆液无害化处理”“通用性始发反力架设计”等已投入使用。通过推广使用通用化、先进化的机具等对现有设备进行技术升级改造，提质增效约1000万元。

2. 攻克前沿核心技术

围绕制约（超）大直径和水下盾构隧道施工的前沿关键技术，梳理同步双液注浆、地质预报等重点研发课题13项。围绕影响盾构施工安全质量效率的重要工法、装备，依托公司自有技术骨干和专业人才成立常压换

刀、同步注浆等10个大盾构工匠工作室，给课题、给经费、给场所、给服务、给激励，要成果、要解决实际问题，目前已申报专利200多项、省部级以上工法30多项。

3. 推进设备转型升级

通过坚持“厂家研发＋自主研发”研发模式和“工厂制造＋专业监造”盾构机采购模式，全面掌握了大盾构建造核心技术，从盾构选型、刀具刀盘配置等一系列关键技术，培养了自有专业技术人员。2017年南京五桥项目将闲置9年的S350盾构机进行改造，2022年自主改造S1050用于重庆渝黔长江隧道施工，目前已基本完成，相比外部单位改造预计节约1500万元。公司成立以来共计改制造盾构机13台，相比新购节约20多亿元。

4. 推进项目智能建造

采用“互联网＋大数据”创新盾构施工技术，建立大数据监控指挥中心，搭建盾构智能综合管理云平台，实现盾构智能应用与施工生产的深度融合，研发了盾构机掘进参数预警预测、安全监察等实用化功能；通过“盾构专科医院”系统，真正实现“专家远程诊断、领导科学决策”；积极推进芯片式项目资料管理，利用“以案教学”培养技术人才，不断完善建成盾构故障案例库、设备备件数据库等9个大数据库。依托北京东六环项目开展“智慧工地”示范建设，效果显著，并形成可复制配套清单，实现硬件集中采购，软件系统复用，每个项目可节约开发成本60万～80万元。长江中下游大盾构技术峰会见图3。

图3 长江中下游大盾构技术峰会

三、主要成效

“十三五”期间，累计新签合同额639.07亿元、实现营业收入256.77亿元、实现净利润6.79亿元，企业总资产由期初11.02亿元增至期末71.4亿元；员工收入由期初12.05万元增至期末17.5万元，年平均增长9.05%。2021年实现营业收入107亿元。2017年进入股份公司20强，2018—2021年连续进入股份公司双20强，成功获批“国家高新技术企业”。

四、经验启示

近年来，国家陆续出台了一系列具体措施，支持大力培育“专精特新”企业，构建以领航企业为引领、以单项冠军企业为支撑、“专精特新”中小企业跟进跃升的高质量梯次发展格局和梯队。作为企业来说要制定“专精特新”发展战略和技术发展路线图，减少企业盲目性，明确技术研发重点、发展方向和未来市场，凝练企业核心能力，制定达到目标所需的步骤，实现企业高质量发展。

张克川　中铁十四局集团大盾构工程有限公司综合部副部长

基于核电与民用的管理融合激发海泰项目建设的新动力

顾春阳　魏庆平　石　姜　朱年志

海泰北外滩项目由中核华兴华东分公司第十工程管理部承建，项目位于上海市虹口区北外滩，包括3栋165m超高层住宅楼，4层地下室，框架剪力墙核心筒结构。项目合同目标是“上海市优质结构奖”“上海市申安杯”“上海市白玉兰奖”，争创代表着国家最高权威建设工程奖项的“鲁班奖”，创建上海市文明工地和标准化工地。目前中核集团已将此项目列为集团公司重点项目工程，力求将此项目建成为上海浦西标志性建筑，从而在上海市民用建筑市场再一次创建、扩大公司声誉，产生积极的社会效应。

一、实施背景

当前民品市场竞争激烈，民品项目分布点多面广，流动性较大，依然存在管理粗放、缺乏规范的实际现状，有必要通过引入核电与民用管理融合的管理新思维，彻底改变这一现状，助推民品项目高质量持续化发展。

二、主要做法

（一）创新管理模式，实现核、民管理模式的相互兼容

核电与民用管理融合的核心是管理模式的融合，要义是破除当前两者二元分离的管理模式，目的是建立一个兼容式的管理模式。

（二）以“核安全良好实践融入民用项目”为切入点，开启融合之路

以“核安全良好实践融入民用项目”为切入点进一步实现核安全文化的融合，再引导其他管理方式、模式融合，构建“握裹式”的创新管理模式与体系。通过融合引入核安全文化理念在民品项目的运用，将核安全文化融入整个工程建设当中，在长效的市场化体制下，推动民品项目规范化和标准化的管理。

1. 融合工作，创新思路

通过收集整理、良好实践、编制安全管理制度、形成安全文化，逐步形成项目安全文化，形成实践、制度、文化三位一体的深度融合。

2. 制订实施方案、成立创新组织

为切实落实融合责任，在分公司层面编制了《核安全管理良好实践融入民用试点实施方案》，成立了以华东分公司总经理为组长的领导小组，下辖四个工作小组，分别为外部事务组、创建策划组、过程实施组、资料收集组，进行融合工作统筹协调。

3. 明确目标，制定创新路径

（1）核安全管理良好实践融入民用项目工作动员部署，学习传达工作方案，统一思想，提高认识，编制完成核民融合良好实践相应的制度。

（2）实施作业人员行为安全良好实践，规范现场作业人员安全行为，提升全员安全意识，如开展班组安全文化建设、落实关键岗位与高风险作业授权管理、实行安全奖励制度，并编制相应管理制度使良好实践落地生根。

（3）规范中小型设备、机具安全管控，提升现场安全管理水平，编制管理制度使管理规范化、统一化。

（4）完善项目安全管理制度，提升项目安全管控质量。如开展项目领导安全值班与培训从而提高全员安全意识、实施垂直化的分包安全管理提升项目整体安全管理水平、实行网格化安全管理推动落实全员安全责任、

加强安全问题经验反馈普及安全知识。

4. 量化管理目标，确保实施效果

为确保工作的有序推进及有所考量，“核安全良好实践融入民用项目”共制定了“十个百分百管理目标”和“三个安全环保管理目标”。

1）十个百分百管理目标

（1）项目领导带班作业执行率 100%；

（2）管理人员跟班作业执行率 100%；

（3）入场安全教育培训覆盖率 100%；

（4）施工现场安全隐患整改率 100%；

（5）班组早班会执行率 100%；

（6）劳动防护用品正确使用率 100%；

（7）特种作业人员持证上岗率 100%；

（8）机械设备进场验收率 100%；

（9）安全防护设施定型化、工具化实施率 100%；

（10）智慧化工地实施率 100%。

2）三个安全环保管理目标

（1）安全生产标准化一级达标；

（2）重伤及以上生产安全责任事故为零；

（3）确保上海市文明工地和绿色工地。

（三）以“质量是核安全的基石”为核心，打造精品工程之路

从海泰北外滩项目的高质量目标出发，充分利用核电项目质量管理先进性，立足民品管理，吸收核电精髓，创新质量管理模式，融合核电项目质量良好实践，提升项目质量管理水平，顺利实现项目质量目标，打造精品工程，创国家最高建设工程奖项“鲁班奖”。

1. 精心策划，对标融合项目，制度先行

2020 年 9 月，以“质量月”活动为契机，成立了以华东分公司总经理为组长的调研小组，先后两次赴霞浦核电项目调研质量管理模式，总结质

量管理良好实践，并通过“核民融合研讨会”确立融合项目，分别为“三级 QC、两级 QA”“质量早班会”“入场质量培训”“质量控制 H 点、W 点”“变更管理”“质量责任信息”六项。结合项目质量管理现状，先后制定《两级 QA、三级 QC 管理制度》《质量控制点管理制度》《变更标识管理制度》《质量责任信息公示制度》，项目部组织各部门、专业分包、劳务分包相关人员进行宣贯学习，使其充分理解、贯彻执行。

2. 创新质量管理模式，三级 QC、两级 QA

融合核电项目两级 QC、一级 QA 的质量管理模式，结合民用项目特点及分公司质量管理职能做适应性调整，调整为三级 QC、两级 QA 的新质量管理模式。三级 QC 为分包单位、总包单位、监理单位专职质检人员分别独立的质量控制活动，两级 QA 为项目级与分公司级，形成全方位、多层次、系统的质量管理模式，主要开展活动包括 QC 人员资格管理、现场隐患排查、专项质保监督与综合检查、质量人员能力提升、质量人员绩效考核五项。

3. 融合核电质量管理良好实践

融合核电质量管理良好实践，带动民用项目质量管理提升。结合核电良好实践融合分别开展如下活动。

（1）质量早班会：运用早班会平台传达质量相关信息，以增强质量意识，规范班组作业行为。

（2）入场质量培训：明确项目质量目标、各岗位质量职责、质量体系文件相关要求等内容，统一思想，提高认识，促进现场质量管理落到实处。

（3）质量控制 H、W 点：H 点为停工待检点，未验收合格前，禁止进入下道工序施工；W 点为见证点，施工至此需要报验、见证，以此提高施工质量可控性。

（4）变更管理：明确变更类文件范围、变更管理职责、标识时限、标识方法、标识内容等，确保变更标识及时、准确。

（5）质量责任管理：对关键工序的质量责任信息进行公示，实现质量责任可追溯。

（四）管理体系标准化创新，保持核、民融合发展的新常态

管理体系标准化融合是核、民融合并运行的内在要求，也是两者融合深度发展的重要依托。最终促进双方达到“融入体系、改造体系、重塑体系、催生新型体系”的目的。

核电项目“核安全”文化核心是“质量安全”，民品项目引入核电管理体系，以制度、文件化的管理体系约束、管理、规范民品项目各项管理工作，形成“核民融合”质量、安全标准化管理体系。通过项目部例会制度、反思总结等形式不断完善，改变了以往民品项目的管理模式，系统、规范了管理模式，提升了管理水平，并随着核民融合的发展而不断更新、持续改进，时刻保持新常态。

三、实施效果

（一）安全融合，营造良好氛围

以规范人、机安全管控为抓手，促进项目安全管理提升。根据核民融合实施方案，编制了“7 份管理制度”，指导具体工作（表 1）。项目坚持“安全是核工业的生命线”理念，以强化项目管理为抓手，依托 7 个制度，打通各个层级的安全环保职责，全面推动安全生产责任制有效落实，营造全员“主动管安全，人人要安全”的良好氛围，实现本质安全。

7 份管理制度 **表 1**

序号	程　　序	编　　号	版次	备注
1	班组安全管理程序	HXSH-WP-SO-010	A0	
2	中小型设备、机具安全管理程序	HXSH-WP-SO-011	A0	
3	网格化安全管理程序	HXSH-WP-SO-012	A0	
4	“安全行为之星”与“平安班组”活动管理程序	HXSH-WP-SO-013	A0	
5	分包安全员管理程序	HXSH-WP-SO-014	A0	
6	关键岗位及高风险作业授权管理制度	HXSH-WP-SO-015	A0	
7	项目领导安全值班与培训计划	HXSH-WP-SO-016	A0	

（二）质量融合，创优创先

项目通过融合核电质量管理模式，汲取核电质量良好实践，大幅提高了分项工程一次验收合格率，提高施工质量的同时，促进了施工进度，并使各项质量控制指标得以高质量完成，为创建国家最高建设工程奖项“鲁班奖”奠定基础（表 2）。

各项质量控制指标　　表 2

序号	质量控制指标	完成情况	评价
1	分项工程一次验收合格率不低于 92%	一次验收合格率 97%	符合要求
2	工程项目经理工程质量终身责任书签约率 100%	签约率 100%	符合要求
3	集团公司质量管理监督自评价得分不低于 170 分	得分不低于 187 分	符合要求
4	公司质量管理标准化评价等级至少达到二级	评价等级为一级	符合要求
5	顾客满意度评价	非常满意	符合要求
6	杜绝发生四级（含）以上质量问题	未发生	符合要求

（三）体系标准化，管理规范化

借鉴核电项目“四个凡事”理念，即有章可循、有据可查、有人监督、有人负责，建立了“核民融合”管理体系文件，通过管理体系文件的有效落实，最终实现施工过程的本质安全。通过实施质量、安全管理体系文件，特别是执行“核民融合”专项程序制度，形成了一系列的标准化工作方式，使得项目管理更加规范化，进一步提高市场竞争力。

四、经验启示

基于核电与民用的管理融合已在海泰北外滩项目践行，通过分析、研判 2 年来推行过程中存在的问题，总结如下：

（1）增力度、强意识，促进“核民融合”常态化。

增强“核民融合”程序文件的宣贯力度，切实提高人员的融合意识，让“核民融合”工作常态化。后续将会持续宣贯“核民融合”程序文件，加强项目人员对“核民融合”程序文件的认识，从而促进“核民融合”扎下根来。

（2）落实责任，各层级设定责任人，垂直化、扁平化管理。

严格按照项目“核民融合”人员组织架构图落实相关人员职责，定人定责执行程序文件相关要求，各部门负责人做好统筹管理工作，切实提高项目管理人员责任意识。

（3）持续改进，总结修订，推动项目“核民融合”持续化发展。

“核民融合”程序文件执行过程中，做好工作总结，定期进行收集、反馈和剖析，持续做好“核民融合”工作的改进，根据反馈的合理化建议修订相应的程序文件，持续提高“核民融合”程序在项目上的可执行性。形成了一套可供参考借鉴的经验做法，以期为同类型项目的实践提供依据和帮助，让核电质量、安全的管理模式真正融入民品项目，助推民品项目安全、高质量持续化发展。

顾春阳　中国核工业华兴建设有限公司第十工程管理部项目经理
魏庆平　中国核工业华兴建设有限公司项目总工
石　姜　中国核工业华兴建设有限公司技术经理
朱年志　中国核工业华兴建设有限公司技术员

太平岭核电项目部防造假管理经验总结

曹　毅　程光涛　孙　姣

一、案例背景

某项目核电厂3号机组安全壳钢衬里焊缝无损检测弄虚作假质量事件对核电行业影响深远，该事件严重违反了核安全法律法规要求，严重挑战了核安全监管原则底线，严重损害了“华龙一号”国际形象，也造成了严重的国家经济损失。安全质量是核电行业的生命线，诚信透明是核安全文化的重要原则，造假行为使核电设备质量和施工质量产生隐患，也对核电诚信透明的核安全文化带来威胁。核电行业一损俱损，造假行为不仅给整个行业带来舆论压力和负面影响，进而威胁到核电事业的生存和发展。

核电行业内部反馈某单位场外预埋件加工车间焊工未授权上岗且冒名签字事件、××单位采购的2种光圆钢筋（62t）及1种规格槽钢（12t）质量证明文件造假事件，均反映出核电工程建设领域弄虚作假事件仍时有发生，个别事件性质恶劣，严重挑战“两个零容忍”底线。为应对造假事件屡禁不止的现状，有必要采取针对性造假识别手段和防控举措，从短期识别和拦截到建立造假防控长效机制，逐步实现“不敢”“不能”造假，到“不想”造假的良性业态。

二、主要做法

（一）防造假宣贯

项目部定期收集造假典型案例，纳入质量周会会前5min学习，针对造假暴露出的核安全文化意识薄弱问题，开展核安全文化宣贯、核安全法规培训，如《核安全法一百问》手册发放。

创新核安全文化活动宣传的形式，开展核安全文化知识竞赛、有奖答题、核安全文化进班组、防造假研讨会等多种多样的主题活动；利用电子演示、横幅标语、宣传牌、展示栏等多种形式对典型造假案例进行宣传和警示教育。制作“安质环行为六大禁令”“两个零容忍”卡片，现场发放给施工人员加深记忆。

（二）防造假风险识别

成立防造假辨识小组，参照《核电厂质量保证安全法规》HAF003（91）各要素分析，聚焦于内外部经验反馈，重点分析2019年以来施工领域造假事件。造假易发生在施工材料质量证明文件、第三方检测报告、焊接过程记录（冒签字、篡改记录）、焊材管控（温湿度记录、焊材领用发放记录等）环节通过发生的概率、后果严重程度等，辨识易出现造假风险的活动环节、风险等级，制定控制措施、检查频次，定期开展防造假管理专项自查。

（三）关键活动防造假管控

1. 材料控制防造假管理措施

（1）供应商评审阶段防造假管理

潜在供方资料评审过程中，由器材部、质保部、技术部门核查企业资质、质量管理体系认证证书、生产许可证、供货范围、生产许可证等，并对营业执照、体系认证证书、检验报告资料真实性和准确性进行核查，并填写真实性核查记录。对工程质量有重要影响、供货数量较大、供货时间较长、首次供货或者国产化采购的供方采取源地评审。

潜在供应商通过MSS单报工程公司及监理单位审核，审核通过后方可供相关材料。

（2）供方合同签订阶段

增加《质量诚信保证》防造假条款，在合同中明确“造假”处罚措施并签订无造假承诺书；对潜在分包商/供应商的资格档案真实性和准确性以核查记录单的形式逐一进行检查；按物项对应质保等级的高低，对部分主材厂家进行源地评审和年度质保监查，并在监查的过程中，对厂家进行防造假管理专题培训。

（3）到货验收阶段

验证产品质量的客观证据，核对产品规格、型号、数量，检查产品外观质量，核对产品进场后是否进行复验及复验指标，核查质量记录文件、质量证明书、合格证、出厂检验报告、型式检验报告的真伪性。对第三方检测机构出具的报告可通过检测机构官网查询真伪，首次进场用于主体工程的材料需厂家提供型式检验报告，并核实型检报告的有效期。

（4）材料见证取样

编制并发布《太平岭核电项目常规岛主体工程材料验收标准汇编》，明确主体工程材料进场后是否需复检及复检指标，严格按相关国家规范、规程要求，对进场后需要复检的材料组织工程公司、监理单位见证取样，并送工程公司、监理单位评审通过的第三方检测机构进行复检。

2. 人员授权管理

（1）施工作业人员授权管理

施工班组长、焊材保管员、测温工、放灰工、振捣工等通过综管部面试考核，并完成相应授权培训；建立各工种授权台账，并根据人员进退场情况随时更新。

在钉钉简道云培训管理系统中，开发人员培训授权查询功能，对现场施工作业人员培训授权资格管理，做到实时查询、实时更新。

（2）QC 人员授权管理

严格按照管理程序《质量人员资格授权管理》相关要求执行，核查 QC 人员学历证书、培训记录签名真伪性；接受工程公司专业工程师面谈评分考核，考核通过后方可上岗，并对 QC 人员形成的施工记录文件定期开展核查。

（3）特种作业人员授权

特殊工种（电工、焊工、架子工、起重机司机、司索工、信号指挥工等）进场后需通过综管部组织的培训和考核授权，培训考核通过后，取得相应的授权卡片，授权卡上明确标明授权内容、授权有效期等，通过取证机构的官方网站查询辨识相应特种作业人员持证的真伪性。

3. 施工作业过程防造假管控措施

（1）培育基层员工核安全文化观念深入人心，养成按程序办事，按方案行事的工作作风，杜绝私自修改方案、降低方案要求的行为。现场施工作业过程由哪个班组施工，就由相应施工班组班组长签字，做到签字及时、签放心字。

（2）参与焊接作业活动的焊工取证严格按工程公司外发程序《现场焊接管理规定》执行，培训、考核、授权、上岗，制作授权卡；每月定期向工程公司报备合格焊工清单，焊接作业前检查焊工授权卡，加强内部各层级 QC 管控和过程巡检。

（3）参与无损检测活动的无损检测人员严格按工程公司外发程序《现场焊接管理规定》执行，取证、培训、考核、授权、上岗，并以正式函件的形式将检测人员相关信息报备给工程公司；检测人员授权后制作授权卡，并随身携带，授权卡包含持证等级、证书有效期、持证人员证件照等信息。

（4）掌握仪器检定证书真伪性查询的方法，一般进入证书检定机构官网，核查真伪性，建立计量工器具检定日期台账，提前一个月发布到期预警，现场 QC 人员在验收过程中加强常用工器具检定日期的检查，如钢卷尺、力矩扳手、水平尺等。

4. 施工文件、施工记录防造假管理

（1）核对各种记录类文件的真实性、有效性、签字时间逻辑性，如焊材领用发放记录、温湿度记录、焊材回收记录、混凝土测温记录、国标资料原始记录等。重点关注焊接 / 无损检测等专业性较强的工艺过程控制的原始记录（焊缝外观检查记录、喷砂记录、油漆施工记录等）、检测报告、焊材领用发放记录，在国标资料编制时特别注意时间逻辑关系的梳理。

（2）建立关键岗位人员姓名笔迹档案，防止冒签、仿签、代签字。

（3）第三方独立检测机构出具的相关报告需核实该机构是否通过 MSS 单报工程公司及监理单位审核，器材部、质保部 QC 人员审查第三方检测机构资质、检定范围以及报告本身的真伪性等。

（四）防造假管理技术、能力提升

1. 积极推动新型设备的使用，各级焊材库已配备自动温湿度记录仪，上下班人脸考勤系统、门禁识别系统等已现场应用。

2. 参与材料验收的 QC 人员应熟悉相关材料的进场复验要求，通过不断学习规范、标准要求，提高自身防造假鉴别、识别水平；通过典型造假案例的培训学习，知悉各个环节造假特征、形式，提升造假防控水平。

3. 以无损检验为试点，对影响质量的重要施工活动，使用执法记录仪进行跟踪记录。

（五）建立防造假问题举报制度

项目部建立造假问题举报制度，在施工现场张贴举报电话、举报邮箱，并对施工作业人员进行宣贯，鼓励一线员工对工作中可能存在的违规情况进行举报，按照“有问必答、有错必改、有违必究”的原则，通畅并规范举报和处理流程，消除过程控制盲区，并在《质量奖惩条例》中进一步规定对弄虚作假的行为进一步问责，明确相关奖惩措施。

（六）防造假经验反馈

畅通内外部经验反馈渠道，针对内外部反馈的防造假典型案例，项目部积极响应，按“反馈学习—组织自查”要求开展经验反馈专项活动。项目部针对外部单位已发现的造假问题所获得的经验和教训，开展了“第三方机构的检测及检测数据真实性”专项反馈学习及自查、“国标资料防造假”自查、MSS 单第三方检验报告真实性核查等。

三、主要成效

（一）防造假管理业绩

2020 年以来，太平岭项目部多次接受惠州核电、中广核工程公司、第八监督站、华南站、核电事业部等内外部单位防造假专题的检查，均未发生造假事件。项目部内部针对外部单位已经发生的造假问题开展自纠自查行动，未发现造假行为。

通过持续不断的核安全文化宣贯学习，各层级员工质量诚信意识得到了加强，“两个零容忍”的观念深入人心，各部门防造假管理层对造假行为识别能力得到了提升，坚守质量底线，确保太平岭核电厂 1、2 号机组常规岛土建工程施工达到安全可靠的目标。

（二）防造假管理良好实践

1. 防造假专题学习

项目部编制供应商 / 分包商防造假专题学习材料，开展供应商 / 分包商“两个零容忍”培训，使供应商 / 分包商明确项目部防造假要求。

将防造假内容融入新员工入场核安全文化和质量震撼教育培训，强化入场员工防造假意识；达到自身不造假、不参与造假、监督他人不参与造假的目标，关键岗位管理人员（如主体工程材料验收人员），通过不断的典型造假案例学习和培训，练就识别造假的“火眼金睛”。

每周质量周会会前 5 分钟学习典型造假案例分析，使警钟长鸣，筑牢项目部关键人员防造假思想防线。

2. 建立关键岗位人员笔迹库

收集关键岗位人员签字笔迹，建立关键岗位人员笔迹库。定期开展施工文件记录防造假自查，对人员签字笔迹、施工记录时间逻辑顺序、实测数据真实性进行核对、比较，保证现场施工记录真实、清晰、完整、合理。

3. 电子温湿度计运用

焊材库引用电子温湿度计，实时记录和存储库房内温湿度，并设专人定期对温湿度进行核查，确保焊材库温湿度符合焊材存储要求，有效避免焊材库温湿度记录造假问题。

4. 材料验收标准汇编

质保部组织编制了《太平岭核电项目常规岛主体工程材料验收标准汇编》（混凝土为甲供，不涉及），对钢筋、机械套筒、橡胶止水带、防水卷材等近 30 种材料验收涉及的标准、规范、技术规格书以及验收时的重点关注项进行了阐述说明，组织人员进行培训学习，熟悉各种材料验收的相关标准要求，从材料进场的源头预防造假事件的发生。

四、经验启示

根据项目部施工进展及重要施工内容，项目部建立完善的防造假管控制度，对防造假管理要求进行宣贯、培训，并建立防造假举报机制，提升杜绝“违规操作、弄虚作假”的震撼效应，使项目员工形成“不敢、不能、不想”的行为意识。识别组织、采购控制、工艺过程控制、检查与试验控制、记录等关键环节中的风险要素，制定具有针对性强和可操作性强的人防、技防等管控措施，内部畅通防造假经验反馈，做到举一反三，有效排查。确保项目布防造假识别全面、准确，有效避免造假行为、造假事件发生。

曹　毅　中国核工业华兴建设有限公司太平岭核电项目部质保部经理
程光涛　中核华兴太平岭核电项目部质保部经理助理
孙　姣　中核华兴太平岭核电项目部质保部 QA 专员

十年一剑谋跨越　倾情奉献“好地方”

——江苏扬建集团有限公司高质量发展案例

蒋贵涛

2022年8月，“2021年度江苏省建筑业百强企业”榜单发布，江苏扬建集团有限公司（扬建集团）位列全省建筑业综合实力类第12名。这一排名，可以说是对扬建集团致力打造精品工程、奉献扬州“好地方”建设的最好褒奖。

扬建集团创立于1953年2月，2006年初改制更名，2023年将迎来70岁生日；而最近的10年，是扬建集团这个老牌企业发展最快、质态最好、精品最多、成果最丰的10年。

一、这10年，致力产业链综合能力提升，扬建集团成功从施工总承包向工程总承包转型

在京杭大运河边，扬州市妇女儿童医院正在建设之中，经过扬建集团施工人员的奋战，目前整个工程主体呈现，正在进行内部装修。不同寻常的是：这样的工程，从桩基到土建施工，从商品混凝土到钢结构生产与吊装，从玻璃幕墙安装到室内外装饰装潢，全都是扬建集团内部一站式解决……如今的扬建集团，完整的产业链让工程施工如虎添翼。

这10年，扬建集团致力完整产业链的打造、延伸和拓展。随着PPP、EPC等新型项目模式的逐步风行，扬建集团进一步整合、加强了大咨询板块，力求为业主提供全流程系统化的专业服务，实现从施工总承包向工程总承包的转型。

结合建筑产业现代化的发展趋势，扬建集团投资建设钢结构、幕墙生

产基地，目前已成为江苏省建筑产业现代化示范基地。在仪征、泰州分别成立了江苏华晟、扬桩金源两家 PC 生产企业，目前已应用于多个装配式建筑项目；在仪征成立了江苏扬建钢构科技有限公司，积极发展钢结构装配式建筑；在扬州成立了华创线缆公司，专业从事电线电缆及安装产品定型化生产。

结合建筑施工数字化、智能化发展趋势，扬建集团成立了 BIM 中心，全面介入工程设计、投标、管理、采购、结算等环节，持续推进企业管理水平提升；成立了华科智能公司，大力发展智能化施工，目前已被批准为国家高新技术企业。

此外，扬建集团旗下的扬州桩基、华发装饰、扬建安装、扬州环保、建祥商混凝土等也都享誉市场，市场份额、品牌创树、纳税规模等连续多年位居全市专业施工榜首……经过努力，扬建集团的产业链综合能力日益提升，并在扬州 EPC 项目市场上得到了业主们的普遍信任与充分认可。

二、这 10 年，致力市场拓展与布局优化，“扬建”品牌在全国各地生根开花

不久前，扬建集团在淮安市场成功中标联东 U 谷——江苏淮安经开一期总包工程。而在上海，扬建集团与众多规模建筑企业同台竞争，成功中标联东 U 谷·上海松江莘莘学子二期总包工程。该项目是继上海闵行人工智能产业基地建设项目、联东 U 谷·上海松江华滨工业园项目 1 期总包工程后，扬建集团与联东集团的第三次合作，也是联东集团对“扬建”品牌的再次认可。

以上联东集团一系列项目，只是扬建集团近年来致力市场拓展、布局优化的一个缩影。最近这 10 年，扬建集团致力市场开拓，经营触角遍布全国各大区域，伴随着一个个精品工程的铸造，“扬建”品牌也在全国各地打响。

时针指向 10 年前的 2012 年，这一年是扬建集团极不平凡的一年。这

一年，扬建集团中标承建海口市嘉华工业大厦项目，在海南再次打响扬建集团的名字；中标承建西安深国投商业中心工程，总建筑面积 28.7 万 m^2，合同造价 5.75 亿元；承建重庆宝嘉大学城项目，总建筑面积 43 万 m^2，正式进入重庆市场；最引人注目的是，由扬建集团总包承建的扬州泰州机场投入使用、正式通航，不仅为扬建集团的重点工程项目建设写下了浓墨重彩的一笔，更拉开了扬建集团致力扬州新一轮重大工程项目建设的序幕。

在改革开放的前沿深圳，扬建集团深耕特区，先后承接了众多工程项目，其中英泰科汇广场主体工程及瑞声科技高端精密产业制造两个公建项目，是扬建集团近期市场拓展态势的又一个缩影。此外，扬建集团在深圳承建的总建筑面积 151167m^2、国家一星级绿色建筑的南科大二期Ⅰ标项目，不仅荣获“深圳市双优工地”“深圳市优质结构工程”“深圳市建设工程安全生产文明施工优良工地奖”等荣誉称号，还被中建协评为安全生产标准化学习交流项目。在天津，扬建集团承建了招商公园 1872 项目、酒仙网天津仓储物流中心等工程项目。在新疆，扬建集团 EPC 总承包、总投资 21 亿元的“西部乌镇”项目顺利建成开放。此外，近 10 年，扬建集团在外埠承接的较有影响的项目还包括：34 万 m^2 的上海南翔印象城项目、北京金风科创系列项目、总投资约 35 亿元的四川广安岳池 PPP 项目……

经过最近 10 年的加速发展，目前扬建集团的施工业务已经覆盖长三角、京津冀、珠三角、海南、川渝、西北等国内市场，以及安哥拉、牙买加、以色列等海外市场。

三、这 10 年，致力扬州“好地方”建设，从城市地标到工业厂房处处都有“扬建”身影

不仅在外地拓展市场，打响品牌，这 10 年来，在家乡扬州，扬建集团更是城市建设的主力军。

在京杭大运河江扬大桥旁，一个建筑群已开始高高屹立，全景展现……这就是扬建集团承建的全市重点民生工程——扬州颐和医疗健康中

心暨市妇女儿童医院项目，其总建筑面积达到了 20 万 m^2。而在不远处的文昌路上，由扬建集团参与建设的扬州建工科技园的两幢高楼也高高屹立，展现雄姿；在其旁边，则是扬建集团建设的重点工程项目：广陵区公共文化中心和扬州科技馆……这 10 年，扬建集团致力家乡扬州的城市建设，从城市地标建设到工业厂房，处处都有“扬建”身影。

从蜀冈之上的扬州火车站，到拥抱世界的扬泰机场；从服务市民的科技馆市民中心，到明月湖畔的运河大剧院；从京杭大运河边的京杭之心会议中心，到廖家沟上的新万福大桥；从西部交通客运枢纽，到扬州市文化艺术中心；从文昌路上的广陵公共文化中心，到三湾景区的大运河非遗文化园；从曲江公园旁的建设大厦，到扬州七二三所科研楼……行走在扬州城区，一个个亮眼建筑不断涌现，成为扬州新地标。

除了各大地标建筑，在家乡扬州，扬建集团还承建了一个个工业厂房和重点民生工程项目，为扬州的经济建设、招商引资和民生幸福贡献着“扬建力量”。在京杭大运河边，总建筑面积近 27 万 m^2 的领铄工业厂房项目高高屹立；而在不远的杭集镇，扬州软件园一期项目刚刚完工，二期项目即将开工建设；其附近不远，总投资 13 亿元的扬州智慧能源产业园项目也在紧张建设之中……此外，扬建集团近年来还承建了 TPI 风机叶片生产厂房建设工程、开发区新能源产业基地工业厂房等众多工业项目，为扬州的经济建设和招商引资持续贡献力量。

让城市的发展成果惠及市民、造福人民，近年来，扬建集团更是投身民生工程项目建设，从虹桥坊广场改造工程，到荷花池水下停车场工程项目；从市民中心，到苏北医院荷花池地下通道工程；从扬州广陵教育文化产业基地项目（初中部）建设工程，到苏中智慧农业产业示范城项目；从扬州颐和医疗健康中心暨市妇女儿童医院项目，到北山污水处理厂项目；从扬州闸改造提升及泵站建设工程，到广陵中医院工程项目；从扬州中学体育馆工程，到梅岭小学上方寺校区项目……这一项项民生工程的背后，都流淌着扬建人的辛勤汗水。

据统计，近年来在扬州，多项本埠施工记录均由扬建集团创造并保持；“扬州新世纪十大精致建筑”中7项由扬建集团总包承建；扬州本埠7项“鲁班奖”工程中的6项由扬建集团承建。

四、这10年，致力科技创新提升品牌，精品建筑“鲁班奖”“国优奖”纷至沓来

运河大剧院是扬州地区首个满足各类演出需要的甲等剧场，工程总建筑面积80893m^2。扬建集团在该项目的建设过程中运用了7大新技术和12项技术创新成果，历时一年半，顺利完成了项目建设。最近，该项目荣获了“中国钢结构金奖”“第三届全国工程建设行业BIM大赛三等奖”等国内奖项，并在2022年7月中旬举办的国际大赛上获得了国际Smart BIM大赛一等奖……运河大剧院项目只是扬建集团近年来致力科技创新，通过精品建筑赢得各种荣誉的一个缩影。

没有金刚钻，难揽瓷器活。现代建筑业，彻底告别了“一把瓦刀走天下”的时代，拼的是科技实力。

近年来，扬建集团走上了一条科技发展之路。集团现有享受国务院政府特殊津贴专家、省市中青年专家和省“333科技带头人”20余人，正高、副高级人员400余人，一级建造师、结构工程师、注册造价师等380余人，4个省级建筑产业现代化示范基地面积达500多亩。2021年，集团与省土木建筑学会合作共建的“江苏绿色建造产业研究院”正式揭牌，并联合扬州大学专家团队成立了扬州市扬建建筑科学研究院有限公司。近10年，扬建集团成功建成了企业院士工作站、企业研究生工作站、江苏绿色建造产业研究院、江苏省建筑企业技术中心、江苏省建筑新技术新材料研究开发中心、江苏省地下空间结构工程技术研究中心为主体的“两站一院三中心”科研平台，助力企业科技创新，为企业发展铸就了核心竞争力。仅过去的一年，扬建集团就申报专利18项，获得了省土木建筑学会科技成果一等奖1项，中建协QC成果二等奖1项、省级QC成果10项、省级工法14项、省新技术应用示范工程26项、省装配式示范项目3项。

回望最近10年，扬建集团致力科技创新，通过科技的手段解决了一项项技术难题，赢得了一个个“鲁班奖”“国优奖”，进一步打响了“扬建”品牌。2022年6月26日，中国施工企业管理协会“庆祝国家优质工程奖创立40周年暨2020—2021年度国家优质工程奖颁奖会”在京开幕，扬建集团三个总承建项目、一个参建项目喜获国家优质工程奖。一次性获得4项“国优奖”，不仅创造了扬建集团创优新纪录，在扬州的建筑企业中也比较少见……至此，扬建集团获得的“国优奖”已多达12个。与此同时，近10年，共有5项“鲁班奖”花落“扬建”，从而让扬建集团的“鲁班奖”总数升至9个；另外，近10年，扬建集团还获得了“詹天佑”住宅工程金奖4个、中国建筑工程装饰奖22个、中国安装之星奖9个、中国钢结构金奖3个、国家级文明工地8个、全国建筑业绿色施工示范工程6个、省级优质工程奖255个。

五、这10年，致力攻坚克难奉献家乡，逆行而上为扬州建设了一批“抗疫工程”

站在开发大桥上北望，便可以看到，在老磷肥厂的南侧，一个建筑群已经建成整体展现，这里就是扬建集团2022年刚刚建成的广陵区健康驿站。

广陵区健康驿站总投资3.5亿元，总建筑面积3.93万m^2，包含客房600间、公寓120间。2022年4月11日正式开工以来，扬建集团调集精兵强将投入工程建设之中，短短两个多月时间便从无到有完成任务，2022年7月8日进入运营阶段。良好的工程质量和完美的设施，赢得了各方好评。

2022年度扬州上马建设的6个健康驿站项目，扬建集团承建了其中4个；广陵区健康驿站只是扬建集团投身抗疫一线、建设“抗疫工程”的一个缩影。而在扬州，疫情初起阶段的仓颉山病区项目，更是让扬州人记忆犹新、赞叹不已。

2020年新春，新冠疫情肆虐，一场阻击病毒肆虐扩散的人民战争在神州大地打响。与疫情斗争，拼的是速度，争的是时间。接到仓颉山病区工程项目任务后，扬建集团投入最优秀队伍、最优质资源，用众志成城的“扬州速度”展开了一场与疫情的赛跑。

仓颉山病区占地28亩，建筑面积6143m^2，场地有将近3m的高差。数十台挖掘机、推土机、自卸车等施工机械闻令而动，2个不眠的日夜，近30000m^{3}的土方开挖、外运工作全部完成。2月6日，雨雪连绵、场地湿滑，130名钢筋工人冒雨奋战，150t钢筋在200多名钢筋工的努力下，从制作到绑扎仅仅用了一天半时间；2000m^{3}混凝土于2月8日晚全部浇筑完成，并连夜开始了128个集装箱的吊装工作；扬建钢构加工中心内，400余吨的总用钢量，80多名制作人员分多班次连夜加工生产送往现场。建设一线，林立的起重机几乎架满了整个场地，常规钢结构安装28天左右的工期，在昼夜鏖战、争分夺秒中缩短到了5天内完成；病区内全部水、电、暖通、消防和智能化设备安装工作量大，高峰人数达到600多人的安装队伍在6天时间里，克服了一个个困难，高质量完成了全部安装任务……经过千余名施工人员15个昼夜的连续奋战，这一工程创下了“新扬州速度”。

两天两夜完成市三院三区两通道改造工程；10小时完成市二院新建围挡与遮雨通道；14小时完成苏北医院发热门诊改造；48小时建成扬州救护车洗消中心；48小时完成广陵新城6处隔离场所的改造任务……在2021年疫情来临之时，扬建集团的党员干部和一线职工不畏艰险，再次逆行而上。在全市封城的情况下，扬建集团先后出动近千人通宵达旦奋战在抗疫工程一线，并另有258名员工自发参与担当抗疫志愿者，在新时代谱写了一曲奉献之歌。

蒋贵涛　江苏扬建集团有限公司董事会办公室主任

发挥文化软性力量，促进企业健康持续发展

时新元

一、企业文化理念及体系

（一）坚持党管文化

企业文化是企业的灵魂，是企业软性的管理手段与推动企业发展的不竭动力。优秀的企业文化，对增强企业核心竞争力、构建具有较强凝聚力与活力的管理团队、营造积极和谐、学习进取的氛围具有重要作用。要想把企业做成一家百年老店，做成一家有价值的、受人尊重的企业，企业一定要发展和打造自己独有的文化。

苏州二建建筑集团有限公司（简称“苏州二建”）始终坚持党管文化，公司“薪火”党支部以12345工作法则（一个中心：以助力企业发展为中心；两个坚持：坚持思想政治建设、坚持服务生产经营；三个强化：强化党组织建设、强化企业文化落地、强化社会责任履行；四个阵地：建立党群文化阵地、建立党群学习阵地、建立党群先锋阵地、建立党群联络阵地；五项工程：基层党建升级工程、人才培养选拔工程、结对共建优化工程、匠心培育精品工程、红色聚力文化工程）为指导，以企业文化、项目文化为落地抓手，在加强党组建设的同时，将党建文化工作融入生产经营与项目一线，持续开展融入式党建、融入式文化，探索助力企业发展的新路径与新方法，推动党建及文化工作成效向企业发展竞争优势的有效转化，为企业的高质量发展提供坚强的组织保证、制度保障，营造良好的环境氛围。

（二）企业文化体系

成立于1952年的苏州二建，经过六十余年的发展，总结提炼出了符

合自身基因与特质的文化理念。随着时代的不断发展与社会、行业的变迁，苏州二建企业文化理念被不断丰富、调整和完善，形成了“传·承”文化内核、“信为本，诚为基，德为源”的核心价值观、“建设美丽空间，创造美好生活”的企业使命和“成为受尊敬的卓越的工程建设服务商”的企业愿景。价值观指引着企业和员工要成为什么样的公司/人，愿景指引着企业和员工要走什么样的路、实现什么样的目标，使命指引着企业和员工要为社会做什么样的贡献。

苏州二建一直致力于企业文化建设，以企业理念文化为指导，在制度文化、物质文化方面开展建设工作。经过总结、提炼，最终形成了苏州二建企业文化手册——《传·承》，该书全面系统地概括了苏州二建的企业文化体系，详细解读了企业在精神文化、制度文化和物质文化三层次的建设内容，同时辅以工程、人物等典型案例，多角度、立体化展示企业精神在具体工作中的落地与体现。《传·承》文化手册作为苏州二建企业文化的系统概览，明确了公司文化建设的构建框架，只有不断更新丰富落地内容，让企业优秀文化成果以及有价值的内容被记录并被广泛传播开来，才能更加多样地塑造企业形象、展现员工风采、彰显企业文化。

二、企业文化落地抓手

（一）公司层面

苏州二建围绕企业文化理念相应出台了《企业管理制度》《员工行为手册》《管理流程汇编》等管理制度；同时，发挥党政工团合力，组织开展每月一主题活动，如5月青年月、6月安全生产月、7月党群学习月等，重点围绕“情牵福利院”和“公益进社区”两项特色公益主题，结合公司实际、专业开展各项资助、扶贫、陪伴、慰问等志愿活动；搭建党群阵地，如图书角、党建室、运动室等，积极利用宣传载体（如内刊、公众号、展厅等），营造入脑入心的文化氛围，倡导规范员工行为，打造宣传企业品牌。

为彰显文化活力，设计打造了企业 IP“蘇小匠”，并将其应用于工地观摩、企业年会等场景，推出年度工程与活动手绘稿的台历与明信片，定制了玩偶、钥匙扣、帆布包等文化用品。同时，制定下发了《企业文化建设指标评价考核办法》（简称《办法》），《办法》从精神、制度、物质三个层面出发细化地提出了建设的标准及考核的内容，明确提出要进一步构建子企业的特色文化。

为推进企业文化的落地执行，在公司层面重点打造“我要听、我要学、我要做”三项贯穿全年的主题活动。每年 4 月，对活动计划内容发布通知。其中，“我要听”集中在 4～5 月，开展企业文化培训、经验分享交流；“我要学”集中在 6～8 月，要求基层单位、科室、项目部自主开展文化学习活动；“我要做”集中在 9～12 月，开展主题征文、知识竞赛、情景剧、专题片等实践类形式。从公司层面用力向下推，逐步向下沉，通过“听学做”三项活动传递企业精神、渗透企业文化。

（二）项目层面

作为一家建筑企业，工程项目是企业生存发展的基础，是企业效益的源泉，也是直接展示企业形象的平台、塑造企业精神的舞台和培育人才的基地。抓好项目文化，能为触摸市场脉搏，实现“现场带动市场”提供有力保障。

苏州二建党支部以中亿丰党委“党建铸魂、先锋筑功”活动为契机，于 2019 年发布了《项目文化建设指导文件》（简称《文件》），要求项目经理与党员发挥带头作用，联合项目部成员组成项目部文化建设小组，从精神文化、制度文化、行为文化、物质文化、品牌文化、和谐文化六大方面进行项目特色文化建设，并要求融入项目党建室、活动室、党员示范岗、攻坚小组、人才培养、精品工程、团队建设等内容。经过三年多时间的实施建设，取得了一定的成绩与实效。

为进一步加强项目文化的组织保障，提高项目文化建设的自主意识与整体氛围，公司于 2020 年、2021 年对《文件》进行了修订，同时成立项目文化建设工作小组，工作小组结合指导文件和8S管理，制定并发布了《项目文化建设标准及考核办法》，该办法对项目在品牌宣传、现场布置、驻地环境（室内、室外）、文化创新四方面细化打分项，以半年度为期进行排名公示，并在年终进行评比表彰。

2022年，根据集团公司要求，公司将项目党建及文化工作的前期策划加到了项目总策划当中，形成了“1 + 5”的项目策划方案，这为进一步推进项目党建及文化工作的有效有序开展提供了前提基础。

通过建设指导文件为项目部提供了文化建设的系统思路，通过建设标准及考核办法做到了过程监督、结果反馈，切实推进项目文化建设能全规范、全落实、全提升。在项目文化的建设过程中，涌现出了一大批特色的文化建设项目部。他们结合项目施工生产的特点，将项目文化建设与生产、管理、团队建设、氛围打造等相融合，利用文化管理推进生产建设任务的顺利完成。如张宏伟项目事业部依照《文件》，制定了本项目部的品牌策划案，方案包括指导思想、基本原则、核心理念、整体目标、具体内容、活动要求六大方面。项目事业部制定“一周小课、一月大课”工作月历，以项目管理、岗位业务、企业文化等为专题邀请内外部讲师开展培训，同时围绕每月主题开展文娱活动。2020年党支部向张宏伟项目事业部授予“行动党支部”，要求发挥党员带头作用，继续做好项目文化建设，推动项目生产经营。2021年张宏伟项目事业部制定“党建及文化建设实施手册”；范大建项目事业部结合青年人多的特点，致力于打造学习型项目部，结合建设阶段的重难点，制定“一周一课”的学习计划表，坚持以产促学、以学促产；魏国民项目事业部以“高绩效团队、精细化管理”为依托，注重团队整体水平与个人素质能力的培养。

三、企业文化取得的成效

在共同价值观与使命愿景的引导下，全体苏州二建人向着共同的目标前进。通过企业文化的落地与践行，实现多点发力、统筹推进，开展了一系列行之有效的活动。

对公司而言，通过党建引领，发挥文化软性管理作用，大力培育和践行了社会主义核心价值观，加强了职工的思想道德建设，提升了内部管理与效率质量，增强了团队的战斗力、凝聚力与活力，营造了积极的组织氛围。苏州二建近年荣获市五一劳动奖状、文明单位、重守企业，省住建系统技能人才摇篮奖等荣誉称号，宣传载体获多项国家级行业协会表彰，2019 年被中亿丰党委授予“中亿丰集团‘十三五’文化建设优秀党支部”。2021 年，在团队和个人类奖项方面取得较大突破，李龙飞获省住建系统技能标兵、苏州市劳动模范、技能状元、青年岗位能手；党员冯雷获江苏省五一创新能手、省住建系统技能标兵、苏州市五一劳动奖章、技能大奖、青年岗位能手称号；公司 13 人获评 2021 年度苏州市“最美劳动者”；启迪设计大厦项目部获评江苏省住建系统重点工程劳动竞赛先进班组；“薪火”合唱团在苏州市住建系统庆祝中国共产党成立 100 周年暨“奋进新时代唱响主旋律”文艺汇演中获“一等奖”和“最佳表演奖”。

对于项目部而言，通过党员带头与文化建设，进一步推动了项目开展各类活动的自主性，在圆满完成各项生产建设任务的同时，打造了一支肯吃苦、能战斗的过硬队伍，建造的工程、项目团队及成员均取得了多项荣誉。截至目前，苏州二建 8 个项目部获中亿丰项目文化建设表彰。许多实践案例证明，项目文化开展得有声有色的项目部，他们都将项目文化的理念、建设的目的与本工程的质量、进度、安全目标紧密结合，在工程目标创建与团队建设上都取得了很好的成绩。

四、结语

以文化为抓手，推进党建、文化工作与各项管理、经营生产相融合，企业文化与项目文化在一定程度上取得了一些成绩，积累了一些经验。接下来，苏州二建将继续深挖企业文化与项目文化的深层次内涵，加强文化与生产、文化与管理、文化与人的融合度，通过具体事例与身边故事加强文化传播的广度与深度，强化领导垂范与全员认知，通过文化的软性手段解决公司当前遇到的一些问题与不足之处，推动以人为本的员工发展。通过持续的建设与改进，将企业文化内化于思想，固化于制度，外化于行为，物化于产品，转化于素质，美化于形象，落地生根，生生不息。

时新元　苏州二建建筑集团有限公司综合部副经理